AF464598

AUTRES OUVRAGES DE L'AUTEUR.

PHYTOLOGIE PHARMACEUTIQUE ET MÉDICALE, avec les figures caractéristiques des familles végétales. 1829, 1 vol. grand in-8.°

TABLES SYNOPTIQUES DE L'HISTOIRE NATURELLE MÉDICALE DES ANIMAUX ET DES PLANTES, avec près de 600 figures gravées. 1829. 7 feuilles grand aigle.

BOTANIQUE ET PHARMACOLOGIE ÉLÉMENTAIRES. Ouvrage demandé et adopté pour l'enseignement à l'Ecole d'accouchement de Paris, par le Conseil général de la Seine et l'administration supérieure des hôpitaux. 1837.

NOTICE STATISTIQUE HISTORIQUE ET MÉDICALE de l'Asile public d'Aliénées de Lille. — Rédigée sur la demande de M. le Préfet et du Conseil général du département du Nord. 1847.

DISCOURS D'OUVERTURE DU COURS PUBLIC D'HISTOIRE NATURELLE, fondé et professé à Auxerre en 1858, par l'auteur, ancien professeur de l'Ecole de médecine d'Amiens.

CONSIDÉRATIONS SUR LES ALIÉNÉS ET LEUR TRAITEMENT. 1862. Cette brochure fut imprimée à Hazebrouck, chez M. L. Guermonprez, peu de temps avant le transfèrement de l'asile de Lille à Bailleul; M. le D.r De Smyttere en était alors le médecin en chef.

Voir à la fin de cette brochure pour les divers travaux de l'auteur sur *Cassel et ses environs*.

BATAILLE

DU VAL-DE-CASSEL

de 1677,

SES PRÉLUDES ET SES SUITES.

La bataille de Cassel de 1677 est de la première espesce des grandes actions, parce que les deux armées étaient en bataille et qu'elles se chargèrent par tout leur front.

Mémoires du maréchal de Feuquières.

Pl. I. frontispice

Vandermeulen p.t

CASSEL DE 1677

DÉPOT LÉGAL 1865.

LA BATAILLE DU VAL-DE-CASSEL de 1677, SES PRÉLUDES ET SES SUITES.

DUC D'ORLÉANS, — PRINCE D'ORANGE.

Pugna, ad Casletum, decretoria.
(DE VUORDEN).

Par P.-J.-E. DE SMYTTERE,

MÉDECIN EN CHEF HONORAIRE DE L'ASILE D'ALIÉNÉES DU NORD, ANCIEN PROFESSEUR D'HISTOIRE NATURELLE MÉDICALE, MEMBRE DE LA COMMISSION HISTORIQUE DU NORD, MEMBRE HONORAIRE DE LA SOCIÉTÉ DES ANTIQUAIRES DE LA MORINIE, MEMBRE DU COMITÉ FLAMAND DE FRANCE, DES SOCIÉTÉS IMPÉRIALES DES SCIENCES ET ARTS DE LILLE ET DOUAI, CORRESPONDANT DE SOCIÉTÉS ARCHÉOLOGIQUES, SCIENTIFIQUES ET MÉDICALES NATIONALES ET ÉTRANGÈRES.

HAZEBROUCK,
IMPRIMERIE DE L. GUERMONPREZ, LIBRAIRE-ÉDITEUR,
RUE DU RIVAGE.

1865.

Val chéri de Cassel, calme et riant séjour,
Quels flots de sang ont bus tes sillons en ce jour!
Que de corps étendus dans tes vertes prairies!
De cadavres cachés sous tes herbes fleuries!
Que de gémissements ont redit tes échos,
Que de plaintes, de cris, ont troublé ton repos!

M. J.-B. DELETOMBE.

AU PAYS NATAL BIEN-AIMÉ!

PATRIÆ

ET

AMICIS!

AVANT-PROPOS.

Ainsi que nous l'avions promis, lors de nos plus récentes publications sur le pays flamand de France, et sur Cassel en particulier, nous nous sommes occupé des divers faits d'armes qui s'y sont passés. Nous nous sommes efforcé d'approfondir les détails de ceux d'un intérêt majeur, soit par leur célébrité, soit par les conséquences importantes, pour cette contrée, qui en ont été les suites.

Pour ce qui regarde le *Val de Cassel,* par exemple, entre tant de faits de guerre, trois grandes batailles s'y sont livrées, on le sait, sous trois Philippe de France. Elles méritaient, surtout, plus de recherches à cause de l'intérêt qu'y attachent ceux à qui l'histoire du pays natal est chère.

Pour énumérer ces batailles mémorables, disons qu'il y

a d'abord celle de 1071, gagnée par *Robert le Frison*, fils cadet du comte Baudouin de Lille, sur son neveu le jeune *Arnould*, qui venait d'hériter de la Flandre (I) et sa mère Richilde, aidés, tous deux, par le roi Philippe I.er

La deuxième bataille est celle de 1328, gagnée par *Philippe de Valois*, au bas du mont Cassel, sur les sujets du comte de Flandre, *Louis de Nevers*, révoltés contre ce dernier. Là, tant de braves Flamands périrent sans avoir reculé d'un pas (II). Ils se défendaient contre le despotisme, c'était leur droit. Nous possédons sur ce combat et ses suites des documents nouveaux et curieux qui auront leur tour de publication.

Enfin la bataille de 1677, eut aussi un long retentissement dans l'histoire. Celle-là, non moins sérieuse, a été livrée, comme les autres, au bas de la montagne et non loin de Cassel. *Philippe d'Orléans*, frère unique de Louis XIV, la gagna le 11 avril sur les Hollandais commandés par le prince d'Orange, *Guillaume de Nassau*, ce stathouder y fut complètement battu. La victoire n'y fut pas contestée par les ennemis.

Nous commencerons cette fois, par donner le résultat de nos investigations sur cette dernière. Elle a été l'une des

---

(I) Par cette victoire, Robert le Frison usurpa, il est vrai, le comté, mais de nombreuses illustrations issurent de sa maison : ce fut là la plus heureuse suite de ce fait d'armes.

(II) L'Empereur Napoléon III n'a pas dédaigné de parler avec quelques détails de cette bataille, dans ses œuvres. — T. IV — p. 32 — (1856).

causes décisives, personne ne l'ignore, qui ont fait réunir la Flandre la plus occidentale, à la France, l'année suivante, en vertu du traité de paix de Nimègue. On sait que la ville de Saint-Omer fut rendue à la France, peu de jours après cette victoire.

Un autre motif aussi, tout patriotique, nous guide aujourd'hui dans cette publication spéciale, qui est l'accomplissement d'un nouveau devoir. Ce motif, qui fera obtenir l'indulgence de nos lecteurs, nous allons l'énoncer en peu de mots.

Nous avons à cœur, plus que jamais, de donner suite à nos anciens projets de provoquer l'érection d'un monument commémoratif pour la bataille de 1677, dans la plaine de la Peene. Nos démarches se sont faites déjà dans ce but et se font encore activement; nous nous plaisons à croire que nous y réussirons avec le concours bienveillant des autorités et des hommes d'élite du pays.

Lors du *Congrès archéologique de France,* siégeant à Dunkerque, en 1860, une de ses séances eut lieu à Cassel : Nous avions obtenu cette faveur de M. de Caumont (1). Notre ville antique la méritait à cause de sa célébrité historique, que nos efforts tendront sans cesse à faire ressortir.

Entre autres questions, il fut traité dans cette savante assemblée, de l'érection de monuments destinés à perpétuer le souvenir des batailles remarquables, et qui serviraient à conserver les traces des emplacements où

---

(1) M. de Caumont, directeur de ce Congrès et de l'Institut des Provinces, institut créé par lui et illustré par ses travaux.

elles eurent positivement lieu (1). En effet, la mémoire, sans cette louable mesure, pourrait parfois ne conserver que des données vagues sur les lieux véritables de certains combats. Nous savons tous que bien des théâtres de batailles à cause des traditions effacées ou dénaturées, sont aujourd'hui à l'état de conjectures.

Un membre du congrès, M. J. Carlier, dans un mémoire lu à cette séance, semble contester la nécessité ou l'à-propos de placer des monuments sur les champs de batailles, parce que, selon lui, il est bon de repousser toute manifestation tendant à perpétuer les sentiments d'antagonisme. Cet honorable confrère ajouta des détails de comparaison, d'après l'histoire, sur les batailles qui ont eu lieu dans la Flandre maritime, en disant aussi qu'elles ont été gagnées tantôt par les Flamands, les Anglais ou les Espagnols, etc., et tantôt par les Français.

Nous fîmes remarquer, à notre tour, que la question dont il s'agissait avait pour but de demander non des monuments de victoire, mais de simples pierres de souvenir, puisque les vaincus sont aussi braves, souvent, que les vainqueurs, et que la postérité ne doit pas faire subir des humiliations parfois injustes, à la mémoire de guerriers valeureux, qui ont eu un sort contraire.

Nous ajoutâmes qu'une colonne commémorative servirait du moins à marquer dans ce pays, par exemple, l'em-

(1) Cette question, la 16.e du programme, était ainsi conçue : « Ne convient-il pas d'établir, sur chacun des champs de bataille de la Flandre maritime, un monument commémoratif, « une colonne, un cippe, une pyramide ? »

placement principal, déjà en partie oublié, du champ de bataille de Peene au val de Cassel, de 1677, où fut aussi versé le sang de nombreux chrétiens.

M. Baruffi (1) a fait observer, ensuite, qu'il y a, au XIX.e siècle, un monument plus impérissable que le marbre : *l'Imprimerie*. C'est à l'histoire seule, a-t-il dit, qu'il appartient de perpétuer le souvenir des batailles.

M. de Caumont, ayant pris la parole, déclara qu'il ne partageait pas l'opinion des préopinants; selon lui, les monuments, élevés sur place, ont un but particulier, celui d'indiquer le lieu même où ces événements se sont passés; or, cette détermination géographique absolue, ajouta notre très-honoré Président, n'est pas inutile, et la société française a toujours encouragé ce qu'on a fait dans ce but.

En l'année 1862, la *Commission historique du Nord* s'occupa aussi de la question. A propos de son projet en voie d'exécution d'un monument commémoratif de la bataille de Bouvines (afin de perpétuer le souvenir du grand fait historique du 27 juillet 1214), nous eûmes l'honneur de lui proposer alors l'érection d'un monument du même genre dans la plaine de la Peene, pour la bataille qui y fut gagnée par l'armée française au 17.e siècle.

Dans sa séance du 5 juin de cette même année, la Commission historique mit notre proposition à l'ordre du jour. Voici un extrait de son procès-verbal :

---

(1) M. l'abbé Baruffi, professeur à l'Université royale de Turin.

« Après une discussion à laquelle prennent part » MM. *de Coussemaker, le comte de Melun, Ch. Vincent,* » *le D.r De Smyttere,* la commission tout en félicitant » ce dernier de l'idée qu'il a émise, pense qu'elle ne » peut prendre l'initiative d'un projet de monument » spécial près de Peene, et exprime l'avis qu'il convient » de se borner à émettre le vœu que dans chaque » localité où une bataille a eu lieu, le souvenir puisse » en être consacré d'une manière quelconque (1). »

D'après ce qui précède, nous nous sommes regardé comme suffisamment investi de la mission de donner suite à nos premières démarches concernant ce projet d'un intérêt national, qui est en harmonie avec les vues de progrès des autorités supérieures.

Stimulé par l'administration départementale et par celle de Cassel et d'autres cantons de l'arrondissement d'Hazebrouck, surtout, stimulé par de nombreuses marques de sympathie flatteuse d'hommes éclairés et éminents qui ont donné en tout temps des preuves de sollicitude pour tout ce qui touche à l'illustration de notre beau pays, nous nous sommes mis à l'œuvre, nous avons mûrement médité sur les emplacements des trois batailles célèbres au val de Cassel.

Mais bientôt nous avons vu avec surprise et regret les erreurs dans lesquelles certains auteurs sont tombés,

---

(1) Il est dit dans ce procès-verbal : *La Commission ne saurait trop encourager, d'ailleurs, les membres à faire tous leurs efforts pour obtenir des administrations municipales les moyens nécessaires de réaliser cette pensée patriotique.*

erreurs qui se sont perpétuées par des traditions sans preuves : Nous tenons à les signaler dès à présent.

Les résultats de nos plus récentes investigations sont que les positions des champs de bataille susdits n'ont pas été exactement marquées sur les cartes; et nous pouvons dire qu'il est à supposer que les désignations des emplacements des deux plus anciennes batailles sont entièrement erronées, sur quelques plans.

Nous devons avouer que lors de nos premiers travaux historiques, il y a trente-cinq ans, au moins (I), nous confiant exclusivement au dire d'autrui, nous avons accepté comme vérités ces erreurs, reconnues aujourd'hui; nous sommes heureux de pouvoir les rectifier, autant que possible, en attendant encore d'autres éclaircissements sur certains points.

Nos observations sont les suivantes :

La bataille gagnée par *Robert-le-Frison* le 22 février 1071, est désignée sur les cartes géographiques et dans des écrits plus modernes, comme ayant eu lieu au nord-ouest de Cassel vers Bavinchove, tandis que l'action principale s'est passée au *sud-est* de la montagne, à deux kilomètres à peu près de là (II). Sur ces documents de

(I) *Topographie historique, physique, statistique et médicale de la ville de Cassel et de ses environs.* — 1828 — avec planches.

(II) On sait que *Robert Ier, dit le Frison* (*Frisius*), décédé en 1093, à son chateau de Wynendale, dans la West-Flandre, eut son tombeau à Cassel. Son corps fut d'abord déposé dans la chapelle des Sœurs-Augustines de cette ville; puis, deux siècles plus tard, en 1281, ses cendres furent transportées de ce couvent dans la crypte de la collégiale de St.-Pierre, que le comte

diverses époques, on a pris pour lieu de ce combat l'endroit, assez incertain encore, d'un engagement secondaire ou final, c'est ce que nous tâcherons de prouver en publiant plus tard la relation de ce fait d'armes mémorable.

Nous pouvons cependant dire déjà que des chronologistes anciens, tels que l'érudit Dom Bouquet, et les auteurs cités par ce laborieux bénédictin, désignent avec vraisemblance ce champ de combat du XI.[e] siècle proche le mont *d'Ecoufle*, appelé autrefois Wouwenberg (I); *auprès de la montagne de Wouche qui touche au mont Cassel* et qui est vulgairement nommée *Womberg* (à présent le mont des Récollets). L'historien de Guines et d'Ardres, (II) l'abbé Lambert, curé du lieu, dit aussi : *Auprès d'une montaine joignant le Mont Cassel, que l'on nomme au pays Wembert. Cui occurens cum omni exercitu suo comes Robertus impetum fecit in illam, juxta montem Wouhe.* Nous sommes sur les traces de ce champ de bataille jusqu'à présent trop vaguement désigné.

Notons que ce lieu est distant de près de quatre kilomètres de celui généralement désigné. On aura confondu deux actions distinctes, et il y a, nous le pensons, à

---

avait fondée en novembre 1072, en souvenir pieux de sa victoire de Cassel.

Les ossements du comte Robert y étaient gardés par les chanoines du chapitre, que ce prince avait aussi dotés, mais, lors des troubles de la révolution française de 93, sa tombe remarquable fut profanée, et en grande partie détruite.

(I) *Wouw*, pluriel *Wouwen* et *Berg*, *mont :* Mont des Vautours.

(II) Ce savant ouvrage a été revu par M. de Godefroy de Menil-Glaise, qui l'a édité.

préférer celle *juxta Casletum, in campo sub monte Cassel,* admise par les auteurs que nous venons de citer : celle à l'orient d'hiver du mont.

Quant à la bataille de 1328, gagnée le 23 août par le nouveau roi de France, Philippe de Valois, qui venait d'être sacré, elle est désignée sur la plupart des cartes comme ayant eu lieu aussi à l'ouest de Cassel, tandis que tout porte à croire que ce combat sanglant se livra dans la plaine du côté *nord* de la montagne entre Hardifort et le ruisseau la Peene-becque, à deux kilomètres du mont Cassel (I). Ce qui le prouve du reste assez, c'est que le Roi Philippe VI, écrivant à l'abbé de St.-Bertin (II), quatre jours à peine après sa victoire, date ses lettres *de ses tentes d'Hardifort, sous Cassel.* On sait que l'intrépide flamand Zennekin, avec ses troupes divisées par bandes, vint de Cassel, vers trois heures et demie du soir, surprendre le roi de France dans son camp et voulut percer jusqu'à sa tente, en arrivant par des détours et des lieux couverts.

Le camp des Français fut, il est vrai, d'abord près l'abbaye de Woestine (III), et Clairmarais, à l'ouest de

(I) De Mezeray (T. 5, p. 509) dit aussi, à propos de la journée de la ville de Caslet, *de Montis Castelli :* « Les Flamands » avaient posté seize mille hommes sur une *montagne près* » *Cassel.* Philippe s'était campé dans un vallon *au-dessous* » *d'eux.* »

(II) Lettres à cet abbé de St.-Omer, du 27 août, par lesquelles ce Roi lui mande de recevoir le serment de ceux de Poperinghue qui s'étaient soumis. (Archives du Nord).

(III) Le roi était entré en Flandres par l'Artois et du côté de la *Fosse-Neuve.*

Cassel (I) mais il avait été transféré vers le *nord*, peu de temps avant le combat, non pas proche le village de Peene comme on l'a avancé, mais dans le voisinage de la Peene, à l'endroit où ce ruisseau, se dirigeant vers le nord-est, coule à près de trois kilomètres d'Hardifort. Dans cette belle plaine le roi put s'étendre sans obstacle (II) :

Faisons observer que ce fut de ces mêmes lieux que Philippe de Valois expédia ses lettres. Sa propre tente était restée intacte, nous en trouvons la preuve dans un passage de François Belleforest. Cet auteur distingué écrit :

« La bataille avait duré jusqu'à la nuit : le roi se » retira d'icelle au cler des torches et ne voulut per- » mettre qu'homme mangeât ny bust sans remercier Dieu » qui les avait préservés, et fait chanter le *Te Deum* » devant sa tente (III). »

Ce n'est donc pas à l'*ouest* de Cassel et entre cette ville et Peene qu'il faut marquer ce combat; il eut lieu vers Hardifort, au septentrion de la montagne, et non loin du champ de la petite bataille du 28 avril 1794, entre les Français républicains et les coalisés.

Qu'il me soit permis, à présent, de dire, par anticipation, quelques mots de la troisième bataille.

(I) *Woestine* ou *Woesternesse*, solitude, lieu sauvage, inculte.

(II) Les Flamands avaient pris position en partie sur la montagne voisine, le mont d'*Ecouffe ou des Vautours* (l'ancien *Wouwenberg*), comme lors de la bataille de 1071, cette position, on le sait, est à l'opposé du territoire indiqué par des auteurs, pour ce combat, et, certainement, il n'aurait pas été rationnel de le choisir pour attaquer vers l'occident du val de Cassel.

(III) C'est en souvenir de ce fait d'armes qu'une statue équestre de ce roi fut placée à Notre-Dame de Paris : nous tacherons de le prouver bientôt.

Par ce fait d'armes si remarquable, et qui n'est pas à deux siècles de nous, mêmes versions différentes dans la désignation du lieu du combat, qui cependant fut fort circonscrit. Néanmoins, ces versions sont moins éloignées de la vérité, car la bataille au val de Cassel du XVII.e siècle a incontestablement été livrée à l'*ouest* de la montagne. Mais pourquoi vouloir la reculer, comme sur certaines cartes géographiques jusque vers *Clairmarais,* qui est à près de deux lieues de la moyenne Peene-becque. Il y a même des cartes récentes faites dans ce pays, qui marquent ce lieu de combat au-delà de la rive droite du ruisseau la Peene et vers le nord de Zuydpeene, à une demi-lieue plus loin que le champ réel. Les deux glaives ou épées en sautoir, d'indication, sont bientôt mis sur une carte, mais avouons que c'est tout de les bien placer selon d'authentiques écrits ou des relations contemporaines.

Ajoutons qu'il y a une inexactitude même sur l'une des médailles frappées en l'honneur du duc d'Orléans, victorieux dans cette action. Au revers de cette belle médaille de la grande collection, se voit le champ de bataille avec les deux armées en présence (1), mais on y a représenté, à tort, Guillaume d'Orange, ayant passé le deuxième ruisseau, la *Lyncke,* tandis que ce prince n'arriva jamais jusque-là; c'est vers le milieu de la plaine qu'il se tînt lors de l'engagement général, au centre du terrain triangulaire et plan, entre les deux becques ou ruisseaux. C'est là aussi qu'il fut cerné et pour ainsi

(1) Voir planche VI, Fig. 2, de cette relation historique.

dire complètement battu par Philippe de France et par ses deux maréchaux le duc de Luxembourg et de Humières, commandant les aîles de l'armée française.

Le mot *ruisseau* employé par les uns et les autres, tantôt pour désigner la *Lyncke* et tantôt pour la *Peene*, ou pour tous deux à la fois, jette du doute dans les narrations; par notre présent travail, nous avons tenu à rectifier les faits d'une manière rigoureuse.

La bataille du val de Cassel, qui fait le sujet principal de ce mémoire, est dite aussi bataille de *Peene* ou *Pienne;* cependant elle n'a pas été nommée ainsi à cause du village de Peene ou *Noordpeene*, mais bien parce que c'est au bord de la Pienne (peene), ruisseau ou becque, que ce fait d'armes glorieux pour la France s'est accompli. C'est au territoire sud et ouest de *Zuydpeene*, limitrophe du susdit village, que le combat entre les Hollandais et les Français, s'est livré : nous allons le démontrer avec preuves nombreuses. C'est donc là que le *Monument commémoratif* du combat si décisif de 1677, serait à placer; c'est-à-dire dans l'endroit le plus apparent de cette petite plaine, et à son angle nord, vers le confluent des deux ruisseaux susdits. Cet endroit est en vue de routes fréquentées et de la voie ferrée qui passe tout contre ce terrain en le dominant; nous désignons cet emplacement de choix sur une de nos planches, la 2.me, accompagnant le présent travail.

Nous avons eu l'honneur de soumettre notre projet au congrès archéologique de France, à sa session de Troyes (Aube), en août de l'année dernière. C'est ainsi que lui fut soumis, il y a quelque temps, le projet pour un monument à Bouvines qui vient d'être mené à bonne fin, par la commission historique du Nord, grâces aussi à de généreux concours.

Nous avons eu le bonheur de voir que la sollicitude si éclairée de la société française, présidée par l'honorable M. de Caumont, a daigné nous y encourager par une souscription distinguée et par son appui : elle a secondé ainsi nos démarches patriotiques, entièrement conformes à ses vues élevées, comme viennent de le faire des magistrats du Nord et de nombreux compatriotes aimés à qui nous adressons, de même, l'expression de notre vive gratitude pour cette flatteuse approbation.

PRÉLIMINAIRES HISTORIQUES.

Nous pensons bien faire, en commençant ce travail par quelques pages de préliminaires, afin de mettre au courant de certains épisodes de guerre, dans la Flandre occidentale, au XVII.e siècle, les personnes du pays les moins versées dans les connaissances historiques locales. De la sorte seront expliqués sommairement, pour elles, les motifs ou causes du combat de 1677 et d'autres événements qui les suivirent (1).

On sait que la Flandre, après avoir appartenu bien des siècles, à ses comtes de la première maison, sous la souveraineté de la France, passa, en 1384, aux ducs de Bourgogne, par le mariage de ***Philippe le Hardi***, avec ***Marguerite***, fille du comte de ***Louis de Mâle***.

(1) ***Indocti discant et ament meminisse periti.***

Après ce duc, Philippe, quatrième fils du Roi *Jean le Bon,* (1) les princes de la maison de Bourgogne, gouvernant le comté de Flandre, furent successivement le duc *Jean,* dit *sans peur,* puis son fils, *Philippe le Bon,* et enfin *Charles le Téméraire.* Ce dernier comte de Flandre, tué en 1476, près de Nancy, laissa l'héritage de cette grande province à sa fille Marie. Celle-ci épousa l'archiduc d'Autriche Maximilien. De leur mariage naquit Philippe I.er, qui fut roi de Castille. Leur petit-fils *Charles Quint* hérita, à son tour, du comté de Flandres et s'appropria, en outre, successivement, les dix-sept provinces des Pays-Bas.

Les descendants de cet empereur, Rois d'Espagne, possédèrent, dans la suite, la Flandre qui leur fut transmise par héritage, mais seulement avec la portion occidentale des vastes Pays-Bas; les huit provinces-unies hollandaises s'étant constituées en République sous Philippe II. Du temps de ce roi, sa fille, l'infante *Isabelle Claire-Eugénie,* gouverna ce pays catholique avec son mari l'archiduc *Albert* d'Autriche. Après eux le Roi d'Espagne, *Philippe IV,* posséda ces contrées et, en dernier lieu, *Charles II,* son fils, qui fut contraint, enfin, de céder une grande partie des Flandres à la France, en 1678.

Il est facile de comprendre, par ces faits, le motif qui fit que deux Rois successifs de France, lors de leurs guerres avec l'Espagne, au XVII.e siècle, s'attaquèrent chaque fois aussi à la Flandre, puisque cette partie des

(1) Frère de Charles V, et de Marie de France, Duchesse de Bar et Dame de Cassel, etc. (Voir nos précédents travaux).

Pays-Bas d'occident était de ses domaines et occupée alors par la milice Espagnole, comme l'Artois et autres provinces limitrophes qui avaient autrefois été à la France.

Donnons ici un aperçu de ces hostilités, en Flandre, au XVII.[e] siècle.

Le Roi *Louis XIII* déclara la guerre à l'Espagne, nation naturellement protégée par la maison impériale d'Autriche : cette guerre fut proclamée en 1635.

Les hostilités eurent leur commencement dès la même année, sous *Philippe IV* (I), mais la vraie campagne de Flandres ne commença qu'en 1644, moins de deux ans après l'avènement de Louis XIV à la couronne (II).

Les Etats généraux de Hollande s'étaient engagés mutuellement, alors, avec le gouvernement du roi de France, à combattre la puissance espagnole dans les Pays-Bas.

Cette guerre eut des résultats très-remarquables pour la France et pour la Flandre occidentale en particulier, surtout à sa fin.

Chaque année, après celle de la déclaration des hostilités, amena des crises et des combats en Flandre et dans les pays voisins, mais ils n'étaient que les préludes d'événements plus graves, accomplis surtout à partir de

(I) Le roi d'Espagne venait d'établir, gouverneur général des Pays-Bas, ***Ferdinand***, son frère, dit le ***Cardinal-Infant***.

(II) Le roi de France était mineur; il avait quatre ans à la mort de son père, survenue en 1643, peu après celle de Richelieu.

...

l'époque où l'armée du jeune Roi de France entra en Flandre par l'Artois.

Après s'être emparé de plusieurs places fortes de l'ouest, le duc d'Orléans, Gaston (I), qui commandait les nombreuses milices françaises, campées près Calais (II), se porta vers Cassel et ses environs, en mars 1645. Il prit cette ville d'assaut en peu de jours de siége, et s'approcha de Bourbourg, puis de Gravelines, qui fut pris peu après.

Le maréchal de ***Gassion***, de son côté, s'empara, cette année, de plusieurs autres villes et forts de la Flandre maritime et de l'Artois. ***Rantzau*** était joint au commandement de Gassion qui venait de se signaler à la journée de Rocroi. — Les Espagnols reprirent des places de Flandre à la fin de l'année.

Ayant connaissance des troubles et de la guerre *de la **Fronde*** (de 1648 à 1653) (III), qui arrêtaient les succès des Français, le roi d'Espagne en profita. Ses soldats rentrèrent bientôt dans la partie de la Flandre qui était tout récemment au pouvoir de Louis XIV : Ce fut sous le commandement du gouverneur des Pays-Bas, ***Léopold, Archiduc d'Autriche***, allié à la famille royale d'Espagne (IV).

(I) Gaston, duc d'Orléans, fils puîné de Henri IV, frère de Louis XIII, mort à Blois en 1660.

(II) A Anvat, lieu cité par Monglat, dans ses mémoires.

(III) Sous Anne d'Autriche, Régente de France, et le ministre Mazarin.

(IV) Voir, à la fin de la brochure, pour ses triomphes éphémères illustrés.

Les villes conquises par la France, et toute la Flandre la plus occidentale surtout, furent reprises à cette époque par les Espagnols; mais les Français s'en emparèrent de nouveau, peu après, en 1657 et 1658, sous l'illustre *Turenne*.

Le traité des Pyrénées, du 7 novembre 1659, fit cesser la guerre jusqu'en 1667. Ses bases garantissaient à la France la possession de plusieurs villes importantes et de vastes territoires de la Flandre, du Hainaut et d'autres contrées des Pays-Bas, comme l'Artois, etc.; Enfin ce traité assurait la main de l'infante, Marie-Thérèse, au roi Louis XIV, dont cette princesse, fille de Philippe IV, devint la femme.

Le *traité d'Aix la Chapelle*, de 1668 (I), avec la Hollande qui était venue au secours de l'Espagne, devait consolider cette paix. Cependant le mariage de Louis XIV avec l'Infante d'Espagne eut des conséquences remarquables et fâcheuses à la mort du roi Philippe IV, survenue en 1665, le 17 septembre.

Le roi de France, qui n'avait jamais reçu la dot de sa femme (II), demanda alors, comme indemnité, la

---

(I) Art. 3 du traité de paix d'Aix-la-Chapelle :
« Le Roi très-chrétien demeurera saisi et jouira effectivement « de toutes les places fortes et postes que ses armes avaient « occupées et fortifiées pendant la campagne de l'année pré- « cédente, savoir : Bergues, Furnes, Tournai, Lille, Douai, « Armentières, etc., avec leurs baillages, chatellenies, terri- « toires, dépendances et annexes. »

(II) Philippe IV s'était proposé de faire passer toute sa succession aux enfants de son second mariage, et pour exé-

Flandre et la Franche-Comté; on les lui refusa : de là une guerre se ralluma; elle donna lieu à de nouvelles et nombreuses prises. Le roi entra dans les Pays-Bas avec deux armées, au commencement de l'été 1667; les progrès du monarque y furent aussi prompts que faciles ainsi que le relate l'histoire du temps; *il prit toutes les villes de Flandre en une campagne*.

D'un autre côté, la guerre ne tarda pas à se décider de nouveau entre la France et la Hollande, car Louis XIV se ressouvenait de l'aide apportée par cette nation aux Espagnols, peu avant, et il était jaloux de la prospérité des Provinces-Unies qu'il désirait abaisser par plusieurs motifs : les Hollandais étaient ses ennemis naturels.

Des préparatifs de guerre se firent, de part et d'autre, et le *prince d'Orange, Guillaume*, fut élu généralissime de l'armée des Etats de Hollande. Contre lui se signalèrent *Condé* et *Turenne*, dans les longues hostilités de Flandre et d'Allemagne.

Notons qu'en ce temps Louis XIV perdit l'alliance des souverains de l'Europe qui avaient été, avant, pour ce monarque. L'Angleterre se déclara aussi contre lui et se joignit à l'Espagne et à l'Empire coalisés.

En 1672, les provinces hollandaises sont envahies par les Français et les Etats sont obligés de se réfugier à Amsterdam. La campagne fut ouverte avec succès par le roi de France lui-même, il passa le Rhin suivi de

---

cuter ce projet, il avait exigé de Marie-Thérèse, qui était du premier lit, une renonciation extraordinaire. — Elle était petite fille du roi de France Henri IV.

son armée et de ses valeureux généraux; au-delà de ce fleuve il remporta de nouvelles victoires.

Il y eut aussi la reprise de la Franche-Comté par le Roi, les *faits d'armes victorieux de Turenne* dans le Palatinat, de *Schomberg*, dans le Roussillon, où les Espagnols furent battus; de *Condé* à Senef, contre le prince d'Orange; de *Duquesne*, dans les combats sur mer, où Ruyter périt; du *Roi* lui-même, en Flandre, en 1677, qui prit Valenciennes et Cambrai, etc.; du *Duc d'Orléans*, au val de Cassel, où la victoire sur le prince d'Orange fut complète, comme nous allons le démontrer, et d'où résulta bientôt la reddition de la ville et des forts de St.-Omer.

Le prince d'Orange ne réussit pas plus dans d'autres entreprises, il se plaignait des Espagnols et les Espagnols se plaignaient encore plus vivement de ce prince : Ils regrettaient de lui avoir confié le commandement de leurs troupes, et ils commençaient à s'alarmer sur le sort des Pays-Bas. C'était le point décisif pour les contraindre à faire la paix.

Le roi d'Espagne Charles II confirma les conquêtes de Louis XIV où le génie guerrier de la France avait brillé du plus vif éclat.

L'acte définitif du partage des Flandres entre l'Espagne et la France s'accomplit par les conditions du traité de paix de Nimègue de 1678, dont nous donnons un extrait à la fin de ce travail historique.

Avant de parler de la bataille, près Cassel, de 1677,

et de la victoire y remportée par le *duc d'Orléans,* frère de Louis XIV, sur le *prince d'Orange*, il aurait fallu, si l'espace nous l'eut permis, énumérer les combats et les divers siéges et prises des places de guerre de la Flandre occidentale, pendant la période de vingt-quatre années avant 1659, époque du mariage du roi de France et de la première paix signée; puis, durant les dix années de guerre, au même pays, qui suivirent 1667. Ces dernières hostilités furent aussi suscitées entre les Français et les Espagnols unis aux Autrichiens, auxquels, cette fois encore, les Hollandais se joignirent par coalition, en l'année 1672; ce fut à cette époque que *Guillaume III,* prince d'Orange, fut nommé *Stat-houder de Hollande.*

Il va sans dire que, pendant ces malheureux temps, dont nous aurons soin de parler ailleurs, avec détail, les petites villes, *fortifiées* et les riches campagnes de la Flandre la plus occidentale, *West-Vlaenderen*, eurent beaucoup à souffrir du passage continuel des diverses troupes. Les milices françaises et celles des coalisés, en séjournant ou en traversant cette contrée en tous sens, qu'elles fussent amies ou ennemies, pillaient, saccageaient et frappaient les habitants d'énormes contributions; c'était le premier et le dernier acte de la présence de chacun des partis; de là une ruine complète de la Basse-Flandre surtout, tant de fois bien cruellement éprouvée !

DESCRIPTION TOPOGRAPHIQUE

DU TERRITOIRE ET DES EAUX DE LA HAUTE PEENE.

Nous tenons à présenter ici, pour faire suite aux préliminaires, une description sommaire de la *Peene* et de la *Lyncke*, les deux ruisseaux proche Cassel, entre lesquels la bataille de 1677 a eu lieu; nous donnerons en même temps, ici, une idée des terrains environnants, afin d'aider, pour la suite des détails concernant l'engagement général de cette bataille rangée, de ses préludes et de sa terminaison.

La *Peene* a ses sources aux versants oriental, méridional et occidental du mont Cassel (1), elle va se jeter dans l'Ysère, au-delà de Wormhout, en se contournant successivement de l'est, du sud et sud-ouest au nord et au nord-est.

(1) Des petits ruisseaux venant de Ste.-Marie-Cappel et de Wemaerscappel s'y rendent aussi, mais sa vraie source est à la partie méridionale du bas du mont d'Ecoufle, près Cassel.

Cette becque, assez grand ruisseau, dans la suite de son cours, porte d'abord, vers Zuydpeene, le nom de *Petite Pienne* (Kleine beecke), jusque vers le village de Noordpeene (1). Elle s'augmente successivement par la jonction de plusieurs petits ruisseaux et sources, parfois à sec, provenant de collines voisines de sa rive droite.

La Pienne traverse en premier lieu le village d'Oxelaere, et aussi, non loin de là, la voie ferrée de Lille à Dunkerque, avant son arrivée à Bavinchove. Proche ce dernier village, et dans le voisinage du chemin qui conduit du sud à son église, ce petit cours d'eau traverse, sous voûte, la route impériale de Cassel à St.-Omer, à angle presque droit.

La petite Pienne n'a que 2 mètres 75 centimètres à 3 mètres de largeur, en gueule, peu avant son arrivée vers le pont de Zuydpeene; là, son lit a 2 mètres et plus de profondeur; il est parfois presque vide l'été, aux temps secs; ses eaux n'en occupent habituellement que la moitié de la largeur; mais, lors des grandes pluies ou des fontes de neige abondantes, ce lit se remplit plus ou moins; il y a même à certains moments d'hiver un trop plein de ses eaux qui a inondé parfois les terrains de son voisinage entre Zuydpeene et Noordpeene,

(1) Ces deux villages *Noord-Peene* et *Zuyd-Peene* étaient autrefois, il y a quelques siècles, un seul et même territoire seigneurial, appartenant à l'illustre famille de St.-Omer. Il fut ensuite partagé entre frères, les bords de la Lyncke étaient les limites de séparation de ces territoires secondaires, auxquels on donna des dénominations distinctives selon la position géographique de chacun d'eux devenus deux communes.

et au-delà, surtout avant le dernier nivellement. C'est dans cet état qu'était ce ruisseau et la Lyncke, qui y a son embouchure, lors de la bataille d'avril 1677, peu après de grandes pluies.

Après avoir cotoyé, à l'est, le village de Zuydpeene, et à un kilomètre avant l'arrivée de cette becque vers Noordpeene, elle prend le nom de *Grande Peene* (de Groote beecke), mais seulement lorsque le ruisseau la Lyncke s'y est jeté; et alors elle a près de 4 mètres de largeur vers ses bords, et 2 mètres 25 centimètres de profondeur, même plus vers le pont de pierres dit Peene-brugghe, c'est-à-dire presque vis-à-vis de l'occident du moulin de la butte ou colline du Tom. Elle s'élargit un peu et son lit y est plus profond (I). Après avoir contourné cette colline du sud au nord, la Pienne se rend vers Ochtezeele et Arnèke; elle passe ensuite à l'est de Ledringhem et de là à Wormhout au nord-est duquel bourg elle s'unit à l'Ysère, ayant fait ainsi un trajet de 15 kilomètres à peu près.

La *Lyncke,* dite aussi Petite becque (Kleine beecke) par les campagnards de l'endroit, prend son origine des hauteurs d'Ebblinghem, par plusieurs sources au nord de ses petites collines. Ce ruisseau serpente légèrement dans la plaine en se dirigeant du sud-ouest au nord, et il vient se jeter dans la Pienne ou Peene vis-à-vis du Tom (II) à angle un peu aigu.

(I) Là, son lit y a parfois 3 mètres de profondeur, mais pas d'avantage jusqu'au village d'Arnèke.

(II) Monticule et moulin ainsi nommé, même avant l'époque

....

Près de l'un de ses ponts, à un kilomètre du village de Noordpeene, la Lyncke a 2 mètres 50 centimètres à 3 mètres de large, en général; à certains endroits, ailleurs, et plus bas, elle est un peu plus large; à son embouchure ce ruisseau est de 3 mètres 70 centimètres en gueule. Sa profondeur varie aussi dans son trajet. Il va sans dire que plus haut au sud de la Lyncke, et plus près de son origine, cette largeur est beaucoup moindre, ainsi que sa profondeur, ce qui facilita le passage de la cavalerie d'attaque de droite, dont il va être question (I). — Les hollandais ignoraient aussi cela.

La Lyncke-becque déborde, de même, un peu, à certains moments de l'année (II). Son embouchure dans la Peene est, avons-nous dit, à moins d'un kilomètre du village de ce nom et à son orient, et c'est la Lyncke qui sépare le territoire de Zuydpeene de celui de Noordpeene. C'est aussi ce ruisseau qui séparait les Hollandais des Français, au commencement de l'action, et non la Peene-becque comme beaucoup d'autres l'avancent, car

---

de la bataille (Thom-Meulen, ***Sanderus***), mais aussi désigné depuis sous le nom de ***moulin*** et ***butte des tombes***.

(I) Ainsi son lit est profond de 1 mètre 20 c. au petit pont du ***Mutse-Honck***; de 1 mètre 30 c. vers le ***pont Walhest***; une partie de la cavalerie française y passa. — A son embouchure la ***Lyncke*** a 2 mètres 10 c. de profondeur.

(II) D'après ***Reboulet, historien de Louis XIV***, les pluies venaient d'être abondantes; à certains endroits la terre était imbibée et même, du côté de Valenciennes, les travailleurs avaient été la plupart dans l'eau, presque jusqu'à demi-corps. Il est donc naturel de croire que les deux ruisseaux au val de Cassel avaient débordé et coulaient encore presque à pleins bords, en avril.

les Hollandais avaient déjà traversé ce dernier cours d'eau, la Pienne, au moyen de ponts, pendant la nuit précédant le combat. Enfin c'est entre la Lyncke et à sa rive droite, au territoire de Zuydpeene, et la rive gauche de la Peene au même territoire communal, que les deux armées combattirent lors de l'engagement définitif.

Ajoutons que sur la Peene et sur la Lyncke se trouvaient de petits ponts dont quelques-uns n'étaient que de larges pierres de taille au ras du sol, surtout au second de ces ruisseaux, et servant pour les passages vicinaux (I). D'autres ponts en bois furent pratiqués par les troupes la veille du combat.

L'espace presque triangulaire de la plaine, entre les deux becques ou ruisseaux (II) au territoire de Zuydpeene, c'est-à-dire à la droite de la Lyncke, était bas et garni à certains endroits de haies vives plus ou moins élevées et épaisses, mais alors sans feuillage, vu la saison d'hiver qui finissait. Elles bordaient la rive droite de la Lyncke-becque et la Peene ou bien faisaient office d'enclos à certaines propriétés et de limites de champs. Nous verrons bientôt que ce fut derrière certaines de ces haies et les taillis que les Hollandais étaient postés lors de l'engagement de l'aile droite des Français.

Dans cette plaine se trouvaient aussi des fossés pleins d'eau, et des rigoles qui traversaient les vergers. Un

---

(I) Tel est le pont de pierre sur la Lyncke à la route de Peene à Zuydpeene, appelé Peene-Straete, qui fut probablement celui ou une partie de la cavalerie de droite passa.

(II) Les planches 2, 3 et 8, représentent ces ruisseaux et le champ de bataille en son entier.

moulin à vent y était situé sur une petite éminence, non loin de la position du maréchal d'Humières, lors de l'engagement de ce côté : nous devons le signaler parce que ce fut vers ce point qu'eut lieu une des actions les plus sanglantes du combat. Ce moulin fut détruit ou démonté depuis, et le terrain qu'il occupait a été aplani (I).

Enfin cette plaine, en général mamelonnée, à ses bords. de monticules plus ou moins étendus et élevés, était garnie de haies vives entourant des champs de houblon, etc. Celle où se fit le carnage est plane. Vers la Lyncke, elle est appelée des deux côtés *Lyncke-Veld* (Champ de la Lyncke); plus avant, au sud-est, c'est le champ de la Peene, *Peene-Veld;* c'est là que le plus fort de la mêlée eut lieu (II).

Cette petite description topographique était donc nécessaire, avant tout, afin que les divers mouvements, lors de la bataille, fussent bien compris, sans confusion de lieu. En effet, par défaut de la connaissance rigou-

(I) Le susdit moulin entre la rive gauche de la Peene-becque et la rive droite du ruisseau la Lyncke, n'était pas très-loin du pont de la route conduisant à Zuydpeene, qui fut fort disputé et vers lequel se trouvait *Monsieur*, puis les régiments de MM. de Gournay et de Greder.

(II) Le célèbre peintre F. *Vander Meulen* a si exactement pris le plan de cette plaine, de ses ruisseaux et des collines environnantes qu'en visitant le lieu du combat, avec les belles gravures d'alors, on voit que tout y a été représenté avec les accidents du terrain, les moulins, etc.; là rien n'est encore changé (sauf l'un des moulins du *Tom*). Il semblerait qu'on assiste au combat ou du moins aux emplacements des corps et des brigades, etc. —Voir les planches réduites de ses peintures à la fin de la brochure et au frontispice.

reuse de ces lieux, il y a eu des lacunes essentielles dans des courtes relations de la bataille de Peene. Des auteurs, faute de données suffisantes, sur cette question préliminaire, ont laissé à désirer dans l'énumération des diverses positions stratégiques, et c'est ce qui a fait varier plusieurs sur le vrai champ du combat, sur les places exactes occupées par chacune des deux armées, et sur l'une des causes principales de ce fait d'armes : nous voulons parler des obstacles dus aux deux ruisseaux précités.

Ainsi de *Mezeray* dit : « *Le duc d'Orléans rangea une partie de l'armée sur les bords du ruisseau la Peene qui la séparait de celle des alliés.* » Cela est inexact, car les Français étaient alors au côté ouest de la Lyncke, à un ou deux kilomètres de là. C'est ainsi que les Hollandais eurent le temps de continuer la construction et le replacement de ponts sur la Peene, durant la nuit de la veille de la bataille. — Le baron *de Vuorden* dit que le maréchal d'Humières *passa un ruisseau fort à propos*. — De Larrey dit aussi, à tort, *le duc d'Orléans rangea son armée en bataille sur les bords du ruisseau* ou de la petite *rivière de Peene* qu'il fallait que les ennemis passassent s'ils voulaient l'attaquer. — *Ce ruisseau, au contraire, était la Lyncke.*

Reboulet dit dans son histoire de Louis XIV :

« Les deux armées se rencontrèrent à Mont-Cassel et » s'avancèrent jusqu'à la portée du canon, n'étant sé- » parées que par *un petit ruisseau* que les ennemis » faisaient garder par une partie de leur première ligne. »

Notons que les Hollandais ne passèrent le ruisseau la *Peene* que dans la nuit du 10 au 11; d'un autre côté la Lyncke n'est pas mentionnée par cet historien. Ce second ruisseau, situé au-delà, avait sa rive gauche occupée par les Français : ils ne le passèrent que le lendemain.

M. Schayes (I) dit seulement que l'armée française était au-delà de la Peene, rangée en ordre de bataille dans la plaine, mais il ne mentionne pas la Lyncke, qui, nous l'avons dit, était aussi entre eux et les troupes hollandaises, ce qui donne lieu à des confusions.

M. *Debaecker*, qui a copié un passage de deux pages sur ce fait, du mémoire de M. Schayes, dans sa notice sur Noordpeene (II), le reproduit sans aucun commentaire ni addition explicative à cet égard; il le pouvait cependant connaissant mieux le terrain. Enfin beaucoup d'autres auteurs (III) sont loin d'êtres plus explicites : de là des difficultés peur s'entendre : il fallait les faire cesser, et aussi éloigner toute idée de l'existence, là, d'une rivière, d'un grand ou large cours d'eau, qui aurait disparu

(I) Faisons observer que M. Schayes, qui a publié une petite relation de la bataille qui nous occupe, dans les Mémoires de la société des Antiquaires de la Morinie, T. II, a pris un peu pour guide de sa narration, une lettre-rapport du prince d'Orange aux *Etats généraux*. Nous avions publiée en premier ce compte-rendu officiel, dans notre *Topographie de Cassel et de ses environs de* 1828, que cet auteur n'a pas cru devoir mentionner.

(II) *Noordpeene, sa seigneurie, son église et son monastère : — Annales du Comité flamand de France*, tome IV.

(III) *Mémoires et histoires de Louvois, de Pélisson, de Larrey, du baron de Vuorden, d'Anquetil, de Reboulet, etc.*

depuis. Ce qui a pu donner lieu à cette erreur ou fausse supposition, c'est qu'au moment où eut lieu ce fait d'armes, la *Lyncke* coulait presque à plein bord, après de grandes averses, et que dans quelques endroits elle était débordée de plus de 20 à 25 mètres. Cela se voit encore parfois aujourd'hui lorsque ce ruisseau est grossi après des pluies abondantes ou de rapides fontes de neiges. — La Peene est dans le même cas de débordements aux parties déclives de ses bords, lors des mêmes circonstances, malgré des travaux plus ou moins récents qui, du reste, ont beaucoup amélioré les rives de ces cours d'eau.

La représentation des deux ruisseaux entre lesquels la bataille eut lieu est assez clairement indiquée sur nos planches et sur la *médaille* ci-contre; seulement il y a là une erreur en ce qui concerne le *prince d'Orange* figuré à droite, car il n'a jamais passé le deuxième ruisseau, la Lyncke. Par compensation on voit sur cette médaille de la page XXXII l'épisode de la *fin de la bataille*, au-delà de la rive droite de la Peene, et le simulacre de la *fuite* ainsi que la *poursuite* des Hollandais.

PUGNA·AD·CASSEL·1677
VIRTUS DUCIS FORTIS
16·D·L·R·83

BIBLIOTHÈQUE IMPÉRIALE IMPR.

BATAILLE
AU VAL DE CASSEL
DE 1677,
SES PRÉLUDES ET SES SUITES.

Quærendo... pro patria!

PRÉLUDES

DE LA

BATAILLE DE MONT-CASSEL.

Le roi de France, Louis XIV, victorieux sur tant de points, et particulièrement dans ses campagnes de Flandre, au lieu de s'arrêter, eut le projet de s'attaquer à d'autres places fortes, sur lesquelles les Espagnols comptaient le plus, tels que *Valenciennes* (1), *Cambrai* et *Saint-Omer* qui furent réduites en six semaines, au commencement du printemps de 1677. C'étaient les boulevards des Espagnols en Flandre, depuis longtemps redoutables aux Français : le roi voulut, par ces prises, assurer à jamais le repos de ses frontières. Il s'était proposé, dès l'année précédente, de délivrer ses états de maux que Saint-Omer (seule place de l'Artois qui appartenait encore aux Pays-Bas Espagnols) leur causait, en troublant le

(1) La ville de Valenciennes fut prise d'une manière bien hardie le 19 mars 1677. Cambrai fut assiégé dès la fin de ce mois par le Roi, en personne, qui s'en empara.

commerce aux pays conquis, entre Dunkerque et Arras, et en désolant le Boulonnais.

Déjà, avant d'assiéger cette ville, projet qu'il cachait, Louis XIV ordonna, comme préparatif, le siége d'Aire que le maréchal de Humières emporta le 31 juillet 1676, en peu de jours. Ce gouverneur français s'empara aussi, par les mêmes ordres, de tous les postes des environs de St.-Omer et du fort de Lincke. Il fit fortifier, dans ce même temps, le château de Cassel. M. de Mourmont, capitaine aux gardes, fut envoyé, au mois de mars 1677, pour se saisir de Nieulet, de Bac, de St.-Momelin, de Clairmarais et autres postes des environs de St.-Omer. Enfin, le siège de cette ville de l'Artois fut entrepris. Elle était occupée par la milice espagnole. *Monsieur* arriva dès le 24 mars, dans le camp de Blandek avec son armée, ce lieu étant choisi pour son quartier général. S. A. R. avait avec elle le maréchal de Humières, le Comte du Plessis, lieutenant-général, et Stoop, maréchal de camp.

Voici la répartition des troupes françaises autour de St.-Omer (1) :

A Blandek : deux bataillons de *Navarre*, un d'*Humières*, deux de *Phiffer*, deux escadrons de *St.-Germain-Beaupré* et un de *Vains*.

Au passage d'Arques : les troupes du prince de Soubise, lieutenant-général, c'est-à-dire *deux bataillons d'Anjou* et *deux des Vaisseaux*.

(1) Nous citons ces troupes, placées vers Saint-Omer, parce qu'elles devinrent le noyau primitif de l'armée qui se concentra pour la bataille de Cassel.

A *Clairmarais :* un bataillon de *Conty*.

A *Chasteau-Vieux,* sur le vieux canal : six compagnies de *dragons-Dauphin*.

A *Nieulet :* deux bataillons de *Greeder*, un de *Phiffer*, six compagnies de *dragons* et un escadron du régiment d'*Aumont*.

Au *Fort de Bac :* un bataillon de *Greeder*.

A *St.-Momelin :* un bataillon de la *Couronne*, sous le chevalier de Genlis.

A Tilque : un bataillon du Royal-Roussillon, et deux Italiens.

A *Ouate* (Watten) : un bataillon de la *Couronne*.

A *Tattinghen* (Teteghem) : le régiment de *Touraine*, et le régiment de cavalerie de *Bordages*.

A Visque : six compagnies de dragons-Dauphins.

A Viserne : deux escadrons de *Journay*.

C'est avec ces seules troupes que, sans tirer de lignes, St.-Omer fut investi; mais ce faible nombre, sans même l'artillerie, que les pluies avaient forcé à rester en arrière, arrêtait encore les opérations décisives de Monsieur; puis ces troupes étaient insuffisantes pour une bataille.

Ce prince reçut le 28 mars, du gouverneur de Boulonnois, un grand convoi et force munitions; plus de deux mille hommes de pied, et cinq cents chevaux de milices aguerries, ce qui lui permit, avec l'arrivée de l'artillerie, d'attaquer le fort dit des *Vaches,* à côté de la porte du Haut-Pont, qui couvrait la place; il fut emporté le 8, malgré une vive résistance; la tranchée avait été ouverte du 1.er au 5 avril.

Les choses en étaient là quand on apprit que le prince d'Orange, à la tête de la plus florissante armée qu'eussent encore mise sur pied les Etats Généraux, s'approchait de Monsieur avec grande diligence. Il avait déjà quitté Ypres et arrivait par Poperinghe. Monsieur, le duc d'Orléans, résolut d'aller à sa rencontre avec ses troupes. Il laissa, sous la garde du marquis de la Trousse et du maréchal de camp Stoop, les travaux commencés, en leur recommandant de continuer les attaques. Il sortit des lignes, le matin du 9, et il trouva à un demi-quart de lieue du camp, sur l'éminence d'Arques, des renforts considérables (1). S. A. R. continua sa marche jusque à une hauteur qui est entre Cassel et l'abbaye d'Oüathine (Woestine), où il campa, en ordonnant de couper des haies et des arbres et de remplir des ravins. Le lendemain, son armée fut encore renforcée par les troupes du marquis de Livourne, de Revel et de Tracy, et par le duc de Luxembourg, que Monsieur avait fait venir le 9, de Bergues, lieu qu'il faisait aussi garder, avec Dunkerque, après avoir mis ces deux places en état de se bien défendre. L'armée française s'étendit alors le long de la rive gauche de la Lyncke.

Du côté des Hollandais, les chefs et les généraux des Pays-Bas ne perdaient pas un moment pour résister aux

(1) Le roi n'ignorait pas que les forces des confédérés étaient beaucoup plus grandes que celles de Monsieur, aussi avait-il fait partir de son camp, devant Cambrai, un grand nombre d'escadrons de cavalerie, avec La Cordonnière, lieutenant-général, puis le maréchal de Luxembourg, avec des mousquetaires et la gendarmerie.

conquêtes de la France (1). Le prince d'Orange, ayant assemblé son infanterie et sa cavalerie hollandaises, dans la Flandre Teutone, se trouvait encore renforcé des régiments d'Holstein, d'Orsbek et autres hollandais qui servaient dans Trèves, et, enfin, avec une armée d'environ douze mille chevaux et quarante bataillons. Il s'était rendu à Anvers, où il se concerta avec le duc de Villa-Hermosa, afin de sauver leurs provinces d'un entier naufrage et de se réhabiliter de siéges perdus.

Le prince d'Orange voulait troubler l'entreprise de St.-Omer, et comme il avait toujours été malheureux, il souhaitait de tenter l'aventure d'une bataille où il se promettait plus de bonne fortune.

Les Espagnols, ordinairement contraires aux résolutions de prendre le hasard d'un combat, étaient d'avis, en cette occasion, que le prince d'Orange pouvait le donner avec ses hollandais, s'il trouvait quelque conjoncture favorable. Il n'y avait rien là à hasarder pour eux qui ne s'y joignaient pas; il ne s'agissait ni de la réputation de leurs armes, ni de la perte de leurs troupes; et ils pouvaient, aux dépens des autres, conserver leurs états par une bataille, ou en arrêter l'entier bouleversement. Les Hollandais aussi ne s'y opposaient pas, et supposaient toujours, en cas de revers, qu'ils étaient couverts des pays-bas catholiques, contre lesquels ils voyaient bien que le Roi porterait ses armes avant d'aller à eux.

---

(1) Les Espagnols s'étaient empressés de demander des secours aux États-Généraux des provinces-unies.

Au premier bruit du siége de Valenciennes et du danger où se trouvaient St.-Omer et Cambrai, les alliés s'alarmèrent et obligèrent le prince d'Orange à rassembler promptement les troupes qui se trouvaient le plus à la portée, pour tenter le secours, en commençant par St.-Omer les opérations de la campagne. Afin de subvenir aux frais extraordinaires de ces préparatifs, les Etats avaient accordé, cette année 1677, deux millions (I). Après la prise de la ville de St.-Omer, par le prince d'Orange, les alliés comptaient aussi forcer le roi à abandonner le siége de Cambrai (II).

Le prince d'Orange, Guillaume de Nassau, accourut de la Hollande. Il avait appelé sous Dendermonde les régiments hollandais et le peu de troupes espagnoles, dont le duc de Villa-Hermosa (III) pouvait disposer encore; mais déjà, au grand étonnement du prince, Valenciennes était tombé après sept jours de tranchée ouverte. Cambrai et St.-Omer étaient investis, le roi ayant partagé son armée en deux corps, et étant resté en personne devant Cambrai.

Guillaume entreprit de secourir et de dégager Saint-Omer, comme étant chose plus facile, il avait reçu des avis du prince de Robek (IV) qui l'assurait que *Monsieur* n'avait pas, avec lui, plus de quatorze mille hommes,

---

(I) *G. Vanloo,* histoire métallique des dix-sept provinces des Pays-Bas.

(II) *Reboulet,* histoire du règne de Louis XIV.

(III) Gouverneur des Pays-Bas Espagnols.

(IV) Le prince de Robek, gouverneur de l'Artois-Espagnol, commandait en premier à Saint-Omer, avec Saint-Végnant à qui la ville était spécialement confiée.

qu'il n'avait fait aucune ligne de circonvallation et contrevallation, et que, si son altesse différait de secourir St.-Omer, il n'y serait plus à temps, parce qu'il devait venir, du camp du roi, quantité de troupes pour renforcer celles du duc d'Orléans.

Le prince d'Orange s'en approcha donc hardiment et en toute hâte, le 10 avril; il regardait comme infaillible d'y être victorieux. Parti d'Ypres, le 8, aux environs de laquelle ville il avait assemblé diligemment toutes ses troupes, formant ensemble trente mille combattants (I). Il passa par Poperinghe et vint camper, le 9, vers le soir, à Ste.-Marie-Cappel, à deux kilomètres sud de Cassel (II), où il apprit que les Français n'en étaient pas à une lieue. Il passa le lendemain, au point du jour, sous Mont-Cassel par sa partie méridionale et ouest, malgré une marche fâcheuse, à cause de quantité de défilés. De là il se rendit à Bavinchove et Zuydpeene; et, côtoyant la rive droite du ruisseau la Peene, il arrêta la tête de ses troupes entre ce dernier village et celui de Noordpeene. Là, à une demi-lieue et moins du campement français, le prince rangea son armée sur cinq colonnes.

(I) Ces troupes composées de 20,000 hommes de pied et de 10,000 chevaux avaient été rassemblées à Ypres par le comte de Waldeck; il y avait parmi elles un certain nombre d'espagnols des garnisons.

(II) *Cassel*, ville alors fortifiée, à quatre lieues à l'orient de Saint-Omer, et occupée par une garnison française, logée au château que le maréchal de Humière venait de faire réparer. Le prince d'Orange n'eut pas le temps de s'emparer de ce poste; il hâtait sa marche en cotoyant cette place : elle fut démantelée plus tard.

2

Ce fut le 10, à midi, que cette armée fut, en présence de celle de Monsieur, campée au-delà des ruisseaux : ce lieu était marécageux et incommode. Le prince avait fait faire halte à son aîle droite, près les deux moulins de *Tom*, au monticule de ce nom, poste contigu au village de Peene, et à son aîle gauche vers le village de Bavinchove. Des auteurs disent qu'il serait *difficile de décrire la belle montre que cette armée faisait.* Il est certain qu'elle était composée de plus de douze mille chevaux et vingt mille hommes à pied, sans un autre gros de cinq à six mille chevaux qu'on attendait, de moment en moment, sous la conduite du comte de Nassau, général de la cavalerie des Etats.

Son Altesse Guillaume commandait le centre, avec le comte de Waldeck, maréchal de camp général. Au Comte de Nassau était confiée l'aîle gauche; le comte de Horn, général d'artillerie, commandait l'aîle droite. Il y avait là aussi le major général Van-Webbenem, et Montpoüillan, major-sergent.

La première chose que le prince voulut entreprendre, ce fut de secourir St.-Omer du côté du *Bac*, qui paraissait l'unique voie pour cela. A cet effet il commanda à ses dragons de se saisir de l'abbaye de Pènes, voulant par cette action couvrir la marche qu'il prétendait faire sur la droite (I), mais il n'y réussit pas, comme il sera dit plus loin. Mille obstacles l'arrêtèrent dans ce projet (II).

(I) Le prince raconte lui-même ce fait dans sa lettre aux Etats-Généraux reproduite aux pièces justificatives.

(II) Monsieur avait aussi fait occuper solidement un poste

Il le reconnut avec amertume, et se vit obligé à donner la bataille, chose qu'il désirait, du reste, d'autant plus que ce prince se croyait beaucoup plus fort que Monsieur, parce qu'il ignorait encore l'arrivée de secours (I) dans l'armée de S. A. R.; et quand même il l'aurait su il aurait été honteux pour lui et pour les Etats généraux de céder le poste. Il s'arrêta donc sur la colline, et fit jeter, vers le milieu de la nuit, des ponts sur la Peene et rétablir ceux qui venaient d'être rompus par les Français (II); puis il fit passer d'abord ce premier ruisseau par une partie de sa première ligne. Il posta dans certaines broussailles auprès du moulin de la plaine (III) plusieurs escadrons de ses propres gardes pour soutenir divers bataillons, qui, à la faveur du canon

---

important près de l'abbaye de Clairmarais; il avait envoyé en même temps d'autres troupes au nouveau canal, à Watten, à St.-Momelin et au Bac.

(I) Un renfort de neuf bataillons de l'armée du roi.

(II) Ce retard perdit, pour le prince, toute occasion de vaincre, selon l'opinion du temps. C'est la veille qu'il devait attaquer, car alors l'armée française était encore inférieure en force à la sienne, les derniers renforts ne lui étant arrivés que la nuit suivante. D'ailleurs l'abbaye de Peene venait d'être évacuée par ordre du maréchal de Luxembourg, dans la crainte d'être coupé par l'armée de Guillaume qui pouvait naturellement se diriger par là, au lieu de se fourvoyer à gauche. Celui-ci aurait pu forcer la nuit le poste du Balenberg peu nombreux. Il est vrai de dire que les troupes du prince d'Orange étaient trop fatiguées par de longues marches et qu'il était déjà tard.

Vanloo, historien hollandais, *excuse le prince en disant qu'il voulait combattre le jour de son arrivée, mais qu'on employa trop de temps à la pose et réparation des ponts.* — Tome III, p. 215. — *Histoire métallique.*

(III) Moulin entre les deux ruisseaux qui fut depuis détruit.

et des haies devaient lui ouvrir les chemins pour venir au second ruisseau, la Lyncke, au-delà duquel l'armée française était campée.

Le prince se trouva, dès la pointe du jour du 11, dimanche des Rameaux, dans la plaine au-delà du premier ruisseau, c'est-à-dire sur le terrain de la rive gauche de la *Peene*, en laissant toutefois une réserve assez considérable à sa rive droite. Les Français l'avaient laissé faire (I). C'est alors que Guillaume de Nassau s'aperçut qu'il était trompé dans son attente, car au lieu d'avoir la facilité de pouvoir prendre le seul passage propice pour aller à *Bacq*, et d'avoir la possibilité de se diriger ainsi directement vers St.-Omer, pour ravitailler cette place importante, même en passant à travers les lignes françaises, il se trouva barré par un autre ruisseau la *Lyncke* (II), derrière lequel l'armée ennemie était rangée en bataille et qui l'attendait dans ses décisions pour agir. C'est ce qui fit dire par le prince d'Orange lui-même (III) : « Mais lorsque nous fûmes passés, nous

---

(I) Dans la lettre de S. A. le prince d'Orange, datée d'Ypres, du 13 avril 1677, il dit que ce passage se fit si *promptement par ses troupes, que les ennemis ne s'en aperçurent qu'après.* — Tout prouve au contraire que les français bivaquant à moins de deux kilomètres de là, connaissaient très-bien ce mouvement mauvais des hollandais. Ceux-ci venaient se placer dans une position fort désavantageuse pour eux, non entre deux feux mais entre deux eaux. Ne pas agir était pour les Français les attirer dans une embûche qui en effet leur fut fatale!

(II) Les guides n'avaient pas averti de cet obstacle, soit à dessein ou autrement, c'est-à-dire par aversion, à cause des *Espagnols* détestés en Flandre.

(III) Dans sa lettre aux hautes puissances des Etats-Géné-

» fûmes bien surpris de voir qu'il y avait encore *un* » *autre ruisseau* (la Lyncke) entre l'ennemi et nous, » couvert de plusieurs haies, bién que ceux qui connais- » sent le pays eussent assuré le contraire, et qu'après » avoir passé le ruisseau la Peene, nous ne trouverions » plus de défilés entre l'ennemi et nous; de sorte que » nous nous trouvâmes fort embarrassés. Comment passer » ce second ruisseau à la vue de l'ennemi qui en était » tout proche. »

Mais avant d'aller plus loin, revenons aux Français, et cherchons à savoir comment ils arrivèrent, avec l'armée assiégeante de St.-Omer, au même point que le prince hollandais, à une portée de canon de lui; et dans quel nombre ils furent bientôt assemblés, sous le commandement supérieur de S. A. le duc d'Orléans, (I) secondé par les maréchaux d'Humières et de Luxembourg.

Déjà, à la fin de mars, on supposait que le prince d'Orange irait au secours de St.-Omer, qui venait d'être investi, ce qui troubla fort les conseillers de *Monsieur* devant cette ville. C'est pourquoi Louvois, ministre, écrivit le 31 du mois de mars, au maréchal d'Humières, une lettre (II) qui rassura l'armée des assiégeants. En voici le texte :

« Sa Majesté voit que vous supposez que si les ar–

raux, du 13 avril, déjà citée par nous, et donnée *in extenso* à la fin de cette brochure.

(I) Philippe de France, *Monsieur*, frère unique du roi.

(II) Histoire de Louvois et de son *administration politique et militaire.*

» mées d'Espagne et de Hollande s'avançaient pour le » secours de St.-Omer, *Monsieur* n'aurait d'autre parti » à prendre que de se retirer, à moins qu'il ne fut » promptement secouru du corps d'infanterie que le roi » lui a destiné, et de la cavalerie des places de Flandre. » Sur quoi, Sa Majesté me commande de vous dire » que, quoiqu'elle ne désire pas que *Monsieur* se com- » mette à un événement fâcheux, elle verrait avec une » peine infinie que Monsieur fut obligé de prendre un » pareil parti, et que voulant le mettre en état de n'y » être point contraint, elle a envoyé le sieur de Cham- » lay, avec un mémoire des dragons que Monsieur » pourrait faire venir pour fortifier l'armée qu'il com- » mande. Si M. le prince d'Orange veut aller secourir » St.-Omer, *vous y verrez bonne compagnie vingt-quatre* » *heures avant qu'il arrive.* »

Le même jour, Louis XIV envoyait à son frère huit bataillons et dix pièces de campagne (1). Le lendemain, Louvois partait pour Lille d'où il expédiait des ordres pour faire sortir la cavalerie de toutes les places de Flandre. Le 3 avril, il écrivait à Courtin : « Il arrivera » ici vingt-sept escadrons de cavalerie ou de dragons; » il y en arrivera encore aujourd'hui quatre, et il y en » a dans les villes qui sont d'ici à Aire, encore vingt qui » sont tout prêts à marcher au premier ordre que je » leur adresserai; de manière que si M. le prince d'O-

(1) Le roi avait en même temps ordonné, au duc son frère, d'appeler près de lui toutes les garnisons des villes voisines, telles que Lille, Béthune, Arras et Aire.

» range veut s'approcher de Monsieur, il trouvera vingt » mille hommes de pied et quinze mille chevaux. »

Le 6, Louvois était de retour auprès du roi, devant la citadelle de Cambrai; aussitôt neuf autres bataillons quittaient encore le camp royal (I) pour rejoindre Monsieur, tandis que le maréchal de Luxembourg (II) courait se mettre à sa disposition avec les deux compagnies de mousquetaires et les grenadiers à cheval (III). En quelques jours, Monsieur allait avoir sous ses ordres trente-huit bataillons et quatre-vingts escadrons. Il fut résolu qu'il n'attendrait pas le prince d'Orange vers St.-Omer, de l'approche duquel il fut informé : les renforts étaient arrivés à propos.

Dès que S. A. R. vit arriver le maréchal, elle sortit de ses lignes et se mit en marche, le 8 avril, à la tête de ses troupes, quelques lieues dans la plaine de Cassel. Le quartier-général des Français fut choisi à l'abbaye de Woestine, près Renescure.

Monsieur n'avait laissé, devant la ville assiégée, que la garde de la tranchée et quelque peu de troupes régulières commandées par le marquis de la Trousse, pour la

(I) Le gouverneur de Cambrai, dom Pedro de Ravala, ayant conclu une trève de vingt-quatre heures et s'étant renfermé dans la citadelle, le cinquième jour du siége de la ville de Cambrai, cela facilita à Louis XIV le moyen de détacher huit mille hommes de son armée, sous le commandement du maréchal de Luxembourg, pour renforcer celle du duc d'Orléans.

(Ray de St.-Géniès. — Histoire militaire de Louis-le-Grand).

(II) *Henri-François* de *Montmorenci*, duc d'Epinai-Luxembourg.

(III) Les brigades de cavalerie de Livourne et de Revel venaient aussi d'arriver.

sûreté des quartiers contre les entreprises de la garnison. Il y avait laissé aussi les milices du Boulonnais. Les deux armées se rencontrèrent dans la journée du 10 avril; les Hollandais, comme nous l'avons déjà dit, s'avancèrent la nuit suivante sur les terres entre les deux ruisseaux appelés Champs de la Peene et de la Lyncke. Ils y avaient en ce moment le front couvert d'un petit ruisseau (I), la Lyncke, bordé de haies qu'une partie de l'infanterie de leur première ligne gardait.

Le duc d'Orléans se rangea en bataille sur un terrain qui s'élevait, en s'éloignant, de l'autre côté du même ruisseau. Il avait été à cheval une bonne partie de la nuit, pour donner des ordres, reconnaître son camp et les postes. Il se trouvait à la tête de 25,000 combattants, 16,000 hommes d'infanterie et 9,000 chevaux.

D'abord S. A. R. avait eu l'intention de faire l'attaque générale la veille du 11, lors de l'arrivée du prince d'Orange vers Noordpeene, mais l'avantage du terrain que les Hollandais occupaient alors, le passage de deux ruisseaux la Lyncke et la Peene, et le jour qui allait manquer, l'obligèrent à différer.

Voici l'ordre de bataille de M. le duc d'Orléans :

Son Altesse se tint au centre, avec Lamotte, maréchal de camp. Elle donna le commandement de l'aîle droite, qu'elle avait placée entre Cassel et la Woestine, dans le champ d'Ablinghem (Ebblinghem) (II), au maréchal de *Humières,* et mit auprès de lui, pour lieutenant-général,

(I) *Histoire militaire de Louis XIV*, Ray de St.-Géniès, 1735.

(II) Et non Blaringhem, comme le dit M. Schayes.

ORDRE DE BATAILLE

tenu par MONSIEUR dans le Camp,

sous MONT-CASSEL.

Aile gauche.

Le Maréchal Duc de Luxembourg.
Le Comte du Plessis, Lieutenant général.
Mr. d'Albret, Maréchal de Camp.

Aile droite.

Le Maréchal de Humières.
La Cordonnière, Lieutenant général.
Le Chevalier de Sourdis, Maréchal de Camp.

La Motte, Maréchal de Camp au corps de Bataille.

Brigades de Bullonde, et de Gournay.

Dragons de Listenoy.

- Gournay, 1 escadron.
- Loënaria, 2
- Sourdis, 2
- Colonel général, 3

Brigades d'Aubarède, et de Ville-chauve.

- Lionnois, 2
- Vaisseaux, 2
- Royal, 2
- La Couronne, 2
- Conty, 2

Brigade de Souvray.

- Navarre, 2 bataillons.
- La Reine, 2
- Humières, 1
- Les Gardes sous Mr de Creil, 2
- Anjou, 2
- Du Maine, 1

B. de Revel.

- Tilladet, 3
- Cuirassiers, 3
- Mestre de Camp, 3

Brigade de Livourne.

- Ecossais et Anglais, 1 escadron.
- Mousquetaires, 2 compagn.
- Bourguignons et Flamands, 1 escadron.
- Gens-d'armes de la Reine et de Monsieur, 1
- Chevaux Legers de la Reine, 1
- Gens-d'armes et chevaux Legers Dauphins, 1
- Gens-d'armes d'Anjou, 1

Dragons du Colonel général.

La Frezelière avec l'Artillerie.

SECONDE LIGNE.

Le Prince de Soubise Lieutenant général.

Brigade de Grignan.

Dragons de Sainsandoux.

- Stoupp, 3 bataillons.
- Couvron, 5 escadrons.
- Villars, 2
- S. Germain, 2
- Grignan, 2

Brigade de Greeder.

- Genevois Piémontois, 1 bataillon.
- Italien Magalotti, 2
- Bourgogne, 1
- Phiffer, 2
- Greeder, 2

Brigade de Montrevel.

- Royal, 3 escadrons.
- Konismark, 5
- 1
- 2

Dragons Dauphins.

Tableau à placer entre les pages 16 et 17.

la *Cordonnière*, et le chevalier de *Sourdis* pour maréchal de camp. Là, se déployaient en première ligne les mousquetaires (I) et la gendarmerie.

S. A. R. donna l'aîle gauche qui s'étendait surtout de l'abbaye de Peene jusqu'à Buschure, au maréchal de *Luxembourg*. Ce duc eut pour lieutenant-général le comte du Plessis, à la tête de l'infanterie avec les bataillons des gardes françaises, etc. Son maréchal de camp était M. d'Albret. Enfin Son Altesse donna la seconde ligne de l'aîle gauche au prince *de Soubise*, avec ordre de profiter des occasions qui pourraient se présenter de combattre, c'est-à-dire si l'ennemi voulait porter du secours à St.-Omer, par Nieurlet et Watten.

L'artillerie était placée entre les deux lignes et commandée par *La Frezelière*.

Le maréchal de camp *de la Motte* commandait la réserve.

Nous avons donné ci-contre l'ordre de la bataille par le *tableau synoptique* qui le concerne (II).

(I) Ceux du chevalier de Tracy qui venaient de rejoindre l'armée. Les *Mousquetaires* étaient de jeunes gentilshommes pleins d'ardeur. Leurs baïonnettes (primitives) s'enfonçaient dans le canon du fusil ou mousquet.

(Voir aux pièces justificatives, article *Tracy*).

(II) Notons que quelque chose fut changé, un peu plus tard, dans cet ordre de bataille, par les mouvements auxquels la disposition du terrain et l'occasion avaient forcé l'armée. Il ne fut donc plus le même après l'engagement.

Voici d'autres détails sur cet ordre de bataille (1) :

Le régiment de dragons, du *colonel-général*, était sur la droite de l'armée et hors des lignes, tel qu'il est placé sur notre tableau d'ordre; les deux compagnies des Mousquetaires *du Roi*, sous les ordres du chevalier de *Forbin* et du sieur de *Janvelle*, capitaines; six escadrons des gendarmes de la brigade de *Livourne;* neuf escadrons des régiments de *Tilladet*, mestre de camp-général, de *Bullonde* et de *Vins*, de la brigade de Bullonde; deux bataillons du régiment de *Navarre;* deux bataillons du régiment de *la Reine;* deux bataillons du régiment d'*Humières*, de la brigade de Sauvray; deux bataillons du régiment des *Gardes Françaises;* autant de bataillons d'*Anjou* et un bataillon du *Maine*, de la brigade de Tracy, formaient l'aîle droite de la première ligne.

Les dragons du *Dauphin* étaient sur les côtés, en dehors de la seconde ligne, dont la droite était composée de trois escadrons du régiment *Royal* et de cinq escadrons du régiment de *Konismark*, de la brigade de *Montrevel;* de sept escadrons de la brigade de *Bordage* et de huit bataillons des régiments *Royal-Roussillon*, *Bourgogne*, *Languedoc*, *Italie* et *Genevois*, de la brigade de *Ximenès*.

Les dragons de Listenoy étaient en dehors de la première ligne de l'aîle gauche, qui consistait en trois escadrons du régiment *colonel-général*, trois de *cuirassiers*, et trois de *Sourdis*, de la brigade de *Révcl*; six

(1) Ce passage est pris dans une relation de journaux français, peu après la victoire gagnée par *Monsieur*, et reproduite par M. Schayes.

escadrons des régiments de *Gournay*, *St.-Louis* et *Loëmaria*, de la brigade de Gournay; d'un bataillon du régiment de *Conti*; et deux bataillons du régiment de la *Couronne;* d'autant de bataillons du régiment *Royal*, de la brigade de *Villechauve;* et de cinq bataillons du régiment *Royal*, de la *Marine*, des *Vaisseaux* et de *Lyon*, de la brigade d'*Aubanède*, auxquels était encore joint le régiment de *Tracy*.

La brigade du chevalier de *Grignan*, consistant en six escadrons de son régiment et de ceux de *Villars* et de *St.-Germain-Beaupré*, composait la seconde ligne de l'aile droite, avec neuf bataillons des régiments suisses de *Phiffer*, de *Greeder* et de *Stoppa*, de la brigade de Phiffer, auxquels était encore joint le régiment de *Ximenès*.

La division du centre était formée du régiment de dragons *Firmacon*, de quatre escadrons et de quatre bataillons.

L'artillerie, sous les ordres du marquis de *La Freselière*, était disposée à l'aile droite et à l'aile gauche.

ENGAGEMENTS, BATAILLE,

ET LEURS ÉPISODES.

Il est nécessaire de parler d'abord de ce qui se passa avant l'engagement général du 11. Un fait d'armes eut lieu vers l'extrêmité gauche de l'armée française, la *veille*, dans l'après-midi.

Monsieur, qui voyait les ennemis s'étendre sur la droite de la Peene, par la butte des Moulins de Tom (I) ordonna au maréchal de Luxembourg de poster les dragons de Sainsandoux et la cavalerie de sa seconde ligne au moulin de Balemberg, pour leur couper le chemin de Watte, en cas qu'ils voulussent s'avancer de ce côté là; et ensuite, apprenant que les dragons d'Orange se saisissaient du passage et de l'abbaye de Pènes (II)

(I) Deux moulins alors. — Voir la gravure de Vandermeulen.

(II) Abbaye de moines les *Guillelmites*, avec église datant de 1464, ou peu après; et avant ce temps, prieuré ou couvent dit Maison de Nazareth. Les frères de l'ordre de St.-Guillaume de

il envoya les dragons de Listenay et le régiment Lyonnais pour les en chasser; mais le *prince* les ayant renforcés de quelque infanterie, il se commença, à cet endroit, une escarmouche qui dura jusqu'au soir du 10, que le maréchal de Luxembourg les contraignit de se retirer, demeurant maître du poste et y laissant des soldats avec un sergent pour le garder. Ainsi furent trouvés fermés pour le prince tous les passages pour le secours de Saint-Omer. Cependant le prince attaqua de nouveau l'abbaye, et y logea une partie de ses dragons, car, durant la nuit, les régiments français l'avaient abandonnée, à cause de leur peu de sûreté dans cet endroit isolé, par l'approche des troupes du prince d'Orange. Mais le maréchal de Luxembourg reçut l'ordre d'y débusquer les hollandais, et de reprendre ce poste situé du côté de l'aile gauche qu'il commandait. Il pouvait être un passage assez sûr aux Hollandais pour s'avancer, et, ainsi, il était de la dernière importance. Cet ordre fut exécuté avec deux bataillons du régiment royal et un de la couronne, un bataillon de Stoupp, les dragons de Listenoy avec autres troupes, et quatre pièces

---

Peene rétablirent leur monastère détruit à la fin du 17.e siècle, c'est-à-dire peu d'années après leur désastre de 1677.

Ce couvent était situé sur l'emplacement de la grande ferme à l'est de l'habitation de M. Debaecker, mais de l'autre côté de la route on y voit encore d'anciens pans de mur de l'époque. Ce monastère fut restauré surtout vers 1733. — L'église qui était contre le chemin conduisant à Peene et un moulin, dit du Couvent, proche de là, et du campement des Français, n'existent plus. — Les Hollandais en se rendant à ce couvent, avant le combat, avaient laissé Noordpeene à leur droite, vers le nord.

de canon envoyées en toute hâte par le maréchal de Luxembourg.

Le régiment de Contí se logea dans les débris d'un château en ruines d'où (I), ayant à la tête le marquis de Laré, quartier-maître, il fit un feu fort vif qui tint les ennemis en respect (II). Puis les chassa du jardin, du cimetière et de l'église de l'abbaye.

Après une résistance de deux heures, ceux-ci furent repoussés à la droite de la Peene, quoique un renfort de quelques régiments leur fut arrivé, et le feu fut mis, par les Hollandais, à ce monastère, afin qu'il n'y eut plus moyen de l'occuper, et pour que ceux-ci ne soient pas incommodés de ce côté par les Français (III).

(C'est ce corps de bâtiment qu'on voit en flammes à la droite du tableau de la bataille, peint par Vandermeulen, on y voit aussi l'ancien château en ruines).

Après cette action préliminaire, qui fit perdre à l'ennemi beaucoup d'officiers et de soldats, les troupes des deux côtés rentrèrent sans encombre dans leur ordre de ba-

---

(I) C'était probablement sur l'emplacement où est actuellement le château de M. Debaecker, car là on a trouvé dernièrement des vestiges de ruines.

(II) M. Schayes, *Mémoires de la Société des antiquaires de la Morinie, tome 2.*

Cet auteur n'y parle pas de l'engagement de la veille, mais il y avance, d'après un rapport, qu'à cinq heures du matin, les Hollandais cherchèrent à se rendre maîtres du passage sur la *rivière de Peene*, près l'abbaye, etc.; plus loin il dit, dans le même travail, qu'alors, le 11 au matin, ils se rendirent maîtres de ce couvent, un sergent français l'ayant abandonné avec ses soldats...

(III) Extrait de la campagne du Roi, *La Campagna del Ré christianissimo nell' anno* 1677.

taille. — Les Hollandais ne se seraient pas retirés ainsi sans de très-grandes pertes de ce côté, si le conseil du marquis de Villars (I) qui commandait, à la gauche de l'armée française, une réserve de cinq escadrons, avait été suivi. Il voulait une charge qui, faite à temps, eut rendu de suite la victoire décisive; mais un ordre précis de la cour le força de s'abstenir et de se diriger ailleurs. Peu après, le maréchal de Luxembourg ayant gagné le champ de bataille, et voyant la droite des ennemis se retirer sans encombre, ne put s'empêcher de dire à Villars : « *Je voudrais que le cheval de Chamlay eut eu les jambes cassées quand il vous apportait ce maudit ordre!* »

Sur ces entrefaîtes, le prince d'Orange fit occuper le moulin situé dans la plaine, entre les deux ruisseaux; il y avait posté de prime-abord un corps d'infanterie. En même temps il fit reconnaître, par ses troupes, le pays environnant, mais il fut jugé d'un accès difficile au point de désespérer ce prince par l'impossibilité qu'il y aurait d'y faire passer son armée et son artillerie; les Français occupant d'ailleurs tous les postes essentiels de passage : ils s'étendaient d'Ebblinghem à Balenberg (II),

---

(I) Ce de Villars, depuis illustre maréchal, avait à peine 30 ans quand il commanda, à la bataille de Cassel, comme colonel. Le Roi l'avait distingué de bonne heure; il servit d'abord en Flandre, sous Condé; puis sous Luxembourg et le maréchal de Schomberg. (Note d'après Sainte-Beuve.)

(II) D'autres auteurs disent jusqu'à l'abbaye de Peene seulement, ce qui paraîtrait moins exact, car il y avait une réserve vers la colline de Balenberg pour y défendre la route qui conduit à Watten.

c'est-à-dire, selon les mémoires de Louvois, que l'armée était rangée en deux lignes, avec une réserve; la droite appuyée à une hauteur qu'on nommait dans le pays le mont d'*Aplinghen* (Eblenghem), la gauche extrême au moulin de *Balenbergh*.

Dans la nuit du 10 au 11, les neuf bataillons envoyés en dernier lieu par le Roi, avaient réjoint leurs camarades au bivouac, par conséquent les deux armées étaient au 11 avril, à la pointe du jour, à peu près égales en nombre.

Malgré l'échec éprouvé par le prince d'Orange près de l'abbaye de Peene, dont il avait voulu s'emparer avec le dessein de faire un grand effort sur sa droite, Guillaume résolut sérieusement de se fortifier de ce côté, afin de tourner l'armée française et de s'approcher ainsi de St.-Omer. Il y envoya, mais trop tardivement, un grand nombre des siens qu'il fit défiler pour ainsi dire clandestinement derrière sa première ligne; mais cette tactique fut bientôt aperçue par ses adversaires qui ne lui en laissèrent pas le temps. Ils connaissaient d'ailleurs l'affaiblissement de sa gauche, quoique ses escadrons y fussent protégés par des retranchements et des haies dans lesquelles étaient postés aussi deux bataillons d'infanterie, et quoique le prince vint encore d'y envoyer trois autres bataillons et quelques escadrons, pour faire face aux attaques de ce côté. *Monsieur*, impatient d'en venir aux mains, opposa, dès les neuf heures du matin, aux Hollandais qui s'avançaient, les deux bataillons d'Anjou vis-à-vis les ponts du deuxième ruisseau, la

Lyncke, et ordonna que de l'aile droite on conduisit au même endroit l'artillerie qui canonna le corps de bataille des ennemis jusque vers deux heures de l'après-midi.

S. A. R. apprit, par les reconnaissances faites par le chevalier de Clinvilliers, avec quelques officiers, que l'ennemi abandonnait la hauteur au-delà du ruisseau qui vient de Cassel (la Peene), et s'avançait avec le dessein apparent de combattre; elle savait aussi qu'il n'y avait au-delà du pont de l'autre ruisseau la Lyncke (resté presque sans garde et sur lequel on pouvait passer), que quelques escadrons soutenus par des bataillons mal formés et faciles à rompre, formant l'aile gauche des Hollandais. Aussi S. A. R. Monsieur profita de suite de cette belle occasion de vaincre. L'armée de droite du roi s'avança vers le front des Hollandais pour combattre, d'abord, ceux qui gardaient ce ruisseau. Le maréchal de Humières qui commandait cette partie, autorisé par *Monsieur* (I) se disposa à attaquer l'aile affaiblie en l'entamant par les côtés (II). Il commença le combat vers deux heures; mais il engagea en trop son aile; il fit passer une partie de sa cavalerie sur un pont de pierre

(I) « Je vais à droite, « avait dit le maréchal, en quittant le » duc d'Orléans; » je vais passer le ruisseau avec les deux » compagnies de mousquetaires; je n'aurai pas le loisir de » vous envoyer un aide-de-camp; si vous entendez tirer c'est » que j'aurai commencé le combat. » Cependant il fit savoir à Monsieur, par le maréchal-de-logis Chanlay, bon officier, que l'affaire s'engageait.

(II) Il fallait, pour tirer sur les Hollandais, s'engager dans des champs entourés de fossés et de haies, passer un ruisseau, et dans quelques endroits faire de grands détours (journaux français du temps.)

qui se trouva devant lui et aussi sur divers endroits du ruisseau faciles à passer, et cela malheureusement avant que le centre et la gauche de la première ligne ne se fussent encore rendus maîtres de ce ruisseau sur tout le front. Sans ce contretemps, l'occasion ne pouvait s'offrir meilleure. Ce mouvement hasardeux qui séparait la cavalerie de la droite du reste de l'armée, ne réussit pas. La cavalerie fut chargée par toute celle ennemie de la gauche et tomba même sous le feu d'une partie de l'infanterie hollandaise. La charge fut si violente que cette cavalerie fut obligée de repasser en grand désordre le pont qu'elle avait traversé peu avant; cependant l'infanterie française finit par occuper les haies que les Hollandais abandonnèrent forcément, quoique y étant placés de la manière la plus avantageuse.

Autre narration. — Passant le ruisseau (la Lyncke), le maréchal de Humières se présenta devant l'aile gauche du prince d'Orange, ayant avec lui la gendarmerie et les mousquetaires du roi, suivis par deux bataillons de Navarre. Le maréchal avait le dessein de gagner les haies et jardins, au milieu de la première ligne des ennemis. Il se trouva d'abord dans deux gros bataillons hollandais soutenus par neuf escadrons de *Brederode*, *Kinskel* et autres. Pour s'en débarrasser, le maréchal commanda aux deux bataillons de Navarre et aux mousquetaires de les attaquer, faisant mettre pied à terre aux derniers.

Dès que les Hollandais virent paraître les *habits rouges* (c'est ainsi qu'ils appelaient les mousquetaires), le bataillon d'Oalkembourg fit deux décharges de mousquet sur eux, à la portée de pistolet, ce qui n'empêcha pas les vaillants mousquetaires d'enfoncer, l'épée à la main, le régiment qui leur était opposé, pendant que Navarre renversait l'autre; après quoi, voyant venir à eux la cavalerie ennemie, ils retournèrent en hâte pour reprendre leurs chevaux, ce qui semblait être une fuite, mais c'était qu'ils appréhendaient de perdre l'occasion de la charger (I).

Afin de combattre les escadrons ennemis qui s'avançaient au galop, le marquis de Livourne se joignit aux mousquetaires avec la gendarmerie; ceux-ci, après avoir essuyé deux décharges des Hollandais, à *brûle pourpoint*, les poussèrent l'épée à la main et passèrent sur le ventre de toute leur première ligne, ayant été soutenus par des dragons et des cuirassiers qui étaient venus de l'aile gauche (II). Plusieurs étendards y furent pris et beaucoup d'hommes.

Voici comment ce même fait est raconté par l'historien de Louvois : le texte en est un peu différent.

« Il était dix heures (deux heures) (III), dit-il, lorsque » la bataille s'engagea ainsi sur la droite. Les mous-

(I) Ce qui obligea même le chevalier de Sourdis, maréchal de camp, de leur dire *de ne pas se presser tant pour ne donner pas lieu de croire aux troupes qui s'avançaient, qu'on avait été mal traité.*

(II) La brigade de *Souvray*, défit les régiments qui lui faisaient face, les brigades de *Bullonde* et de *Montrevel*, aidèrent aussi les mousquetaires à renverser les Hollandais sur ce point.

(III) La première ligne tout entière se mit en marche à deux heures de l'après-midi et passa en divers endroits la Lyncke, dont les bords étaient escarpés.

» quetaires passèrent le ruisseau; arrivés en vue des » retranchements qui étaient occupés par deux bataillons » des gardes du prince d'Orange, le maréchal leur fit » mettre pied à terre et les lança en avant, comme » une troupe d'infanterie. Les Hollandais les regardaient » venir, immobiles, en silence, prêts à faire feu; déjà » les mousquetaires s'accrochaient, pour escalader l'épau- » lement, aux canons des fusils; une décharge à bout » portant les renversa dans le fossé (1); quarante y » demeurèrent tués ou blessés, les autres se relevèrent, » forcèrent le retranchement et firent main basse sur » tout ce qui ne battît pas assez vite en retraite. » Pendant ce temps, la gendarmerie et les autres esca- » drons défilaient rapidement à droite et à gauche, » pour se déployer sur un terrain favorable; le maréchal » fit sonner pour rallier les mousquetaires; en un mo- » ment ils se retrouvèrent à cheval, en ligne, à leur » place d'honneur. Le peu de cavalerie que le prince » d'Orange avait laissé à son aile gauche fut bientôt » mis en déroute et s'enfuit honteusement. Alors tous » les escadrons français, mousquetaires, gendarmes, cui- » rassiers, chevaux-légers, dragons, se rabattirent par » une charge impétueuse sur le flanc découvert de » l'infanterie hollandaise. »

La Cordonnière, lieutenant-général, à ce moment, avertit le maréchal de Humières qu'on voyait encore descendre du côté de la hauteur des Moulins, plus de

(1) La petite gravure ci-jointe, de l'attaque des mousquetaires à pied, représente cet épisode. — Planche IV.

quinze escadrons qui venaient prendre son aile en flanc. Il lui fut ordonné de leur faire face avec les escadrons Konismark, et au chevalier de Sourdis d'y conduire les mousquetaires qui avaient repris leurs chevaux.

En avançant, par une singulière rencontre, ces mousquetaires, à cheval, trouvèrent devant eux les débris ralliés de ces mêmes gardes du prince d'Orange qu'ils avaient assaillis tout à l'heure, comme gens de pied; ils achevèrent de les détruire (1). Puis, en gagnant du terrain, ils prirent en flanc l'aile gauche du prince avec grande impétuosité; le maréchal d'Humières, dit le baron de Vuorden, mettant en déroute cette gauche, passa au fil de l'épée le meilleur des bataillons hollandais. Ceux-ci furent culbutés avec un désordre et une confusion extrêmes, les uns sur les autres.

Le maréchal de Humières trouvait partout de nouveaux périls et de nouveaux obstacles. Les deux bataillons qui étaient dans le grand espace, dont l'un d'eux était des gardes du prince d'Orange, tenaient ferme devant les escadrons des cuirassiers et de Tilladet, et on ne pouvait les renverser sans infanterie. Il commanda donc à Crevant, avec le bataillon de la reine, à Desbordes et Raousset, avec ceux de Navarre, de les chasser, ce qui fut exécuté avec une vigoureuse résistance. Ayant donné la chasse à ces bataillons, il trouva dans une grande

---

(1) Voir à la fin de cette notice pour d'autres détails sur les mousquetaires et l'engagement du maréchal de Humières. Voir aussi *aux Notes* sur les officiers supérieurs de l'armée devant Cassel, etc.

plaine toute la cavalerie ennemie qui se préparait à le bien recevoir. Il y avait entre autres un escadron des chevaux blancs du prince d'Orange; et comme la brigade de Revel avait beaucoup souffert, il fit avancer la gendarmerie qui s'était ralliée, et, ayant la liberté de s'étendre de tous côtés, il recommença à donner.

Ce fut alors que *Monsieur* commença à s'ébranler de son côté. Après avoir donné ordre au duc de Luxembourg d'attaquer à la droite de l'ennemi de la plaine, il fit avancer l'infanterie et survenant au centre avec le corps de bataille à la tête de la gendarmerie écossaise, S. A. R. tailla en pièces tout ce qui se présenta devant sa troupe. Cependant *Monsieur* qui se trouvait partout, voyant que plusieurs bataillons et escadrons pliaient (I) devant un gros corps d'ennemis, dans le même endroit où il avait commencé à combattre, courut à eux en leur criant : « Vous fuyez et vous me voyez : » et où est l'honneur de la France? » Il fit marcher en même temps les bataillons de Greeder et de Phiffer; il y joignit la compagnie même de ses gardes et ne retint auprès de sa personne que quelques gentilshommes (II) et ses domestiques. Après ces ordres, il rallia les fuyards,

(I) La cavalerie ennemie avait mis en déroute la brigade de Tracy et deux autres bataillons après qu'ils eurent traversé le ruisseau.

(II) Les plus considérables de ceux-ci étaient le chevalier de Beuvron, capitaine de ses gardes, le marquis d'Effiat, premier écuyer; le marquis de Pluvault; le chevalier de Nantouillet; M. de Grave et plusieurs autres.

les ramena au combat, les encourageant par son exemple, et renversa toute l'infanterie ennemie qui, s'étant prévalue de ce désordre de troupes françaises, avait presque coupé l'armée de S. A. R. *Monsieur* s'exposa si fort à cette occasion qu'il reçût un coup de mousquet dans ses armes. Le chevalier de Lorraine fut blessé au front, et quelques autres gentilshommes et domestiques de Son Altesse furent aussi blessés à ses côtés (I).

Le maréchal de Humières, s'apercevant du désordre de l'infanterie hollandaise, jugea bien que Monsieur avait remporté quelque avantage considérable. Voyant donc qu'il n'y avait plus rien à craindre de son côté, et s'étant assuré de l'autre, avec la brigade de Montrevel, de la seconde ligne, qui était en fort bon ordre, il renforça encore une fois la gendarmerie qui avait beaucoup souffert, de la brigade de Revel et d'autres escadrons qui venaient après elle, et donna sur le gros de la cavalerie hollandaise (II). Après un combat fort opiniâtre, celle-ci commença à repasser le ruisseau, ensuite à se débander et à prendre la fuite. *Monsieur* parut en ce moment avec son infanterie sur la gauche de cette aîle victorieuse et trouva le maréchal qui venait

(I) Le sieur de La Motte, maréchal de camp; le chevalier de Nantouillet; le marquis d'Effiat, premier écuyer de S. A. R.; le marquis de Pluvault; le chevalier de Silly, se rendirent alors fort utiles. Beaucoup y furent blessés avec nombre d'autres officiers.

(II) Voir aux planches la petite gravure des cavaliers se dirigeant vers le moulin où fut le centre du combat. Les mousquetaires prennent l'ennemi en flanc et les autres gardes françaises chargent de front au centre.

de vaincre, avec la cavalerie, l'aile gauche des ennemis, où étaient leurs plus grandes forces, et où il semblait que la fortune l'avait voulu disputer avec la bravoure de ses troupes.

A l'autre extrémité du champ de bataille, le maréchal de Luxembourg, qui avait reçu l'ordre de faire avancer son aile, eut d'abord fort à faire pour défendre le passage du ruisseau la Lyncke, et peut-être aussi la Peene, vers leur conjonction, et au-delà (I), contre une cavalerie deux fois plus nombreuse que la sienne (II). Enlevés par sa brillante victoire, les escadrons français reprirent l'offensive; mais de ce côté les charges se succédaient sans produire de résultats décisifs (III).

Cependant l'effort pour passer le ruisseau, la Lynckebecque, devint général par tout le front de la ligne française. Alors le maréchal de Luxembourg ne tarda pas à faire abandonner les bords du même ruisseau aux soldats ennemis qui le gardaient de ce côté, et tout le front donna à la fois. Le choc fut rude et sanglant, les hollandais le soutinrent assez bien, pendant quelque temps; s'étant défendus avec beaucoup de valeur, ils perdirent enfin courage, après un combat de trois heures.

(I) Le duc de Luxembourg passa le ruisseau dans la direction Est de l'abbaye de Peene avec le comte du Plessis, lieutenant-général, le sieur d'Albret, maréchal-de-camp, et les brigades d'infanterie d'Auberval et de Villechauve, celles de Gournay, etc.

(II) Son aile gauche avait été affaiblie par les troupes qu'en avait détachées le prince de Soubise pour empêcher de secourir Saint-Omer.

(III) Histoire de Louvois, précitée.

Le régiment des gardes du prince d'Orange fut le premier qui lâcha le pied, les régiments qui étaient auprès, les suivaient, après quelque résistance; la fuite de ces derniers, et le désordre communiqué par là à la seconde ligne, entraînèrent la fuite de toute son armée : ce fut une déroute générale (I).

L'auteur de l'histoire de Louvois s'exprime de la manière suivante, pour quelques épisodes de la bataille; ces détails sont, aussi, bons à conserver.

« Au centre, dit-il, après une vive canonnade, les
» bataillons de la première ligne (II) avaient abordé, au-
» delà du ruisseau (la Lyncke), l'infanterie hollandaise;
» ils avaient même commencé à la mettre en désordre,
» lorsque le prince d'Orange, ordonnant la même ma-
» nœuvre que le maréchal d'Humières exécutait en ce
» moment là contre sa gauche, lança sur le flanc des
» bataillons français une partie de la nombreuse cavalerie
» de sa droite. Surpris par cette brusque attaque, ils
» plièrent sous le choc et se laissèrent ramener jusqu'au
» bord du ruisseau. A cette vue, Monsieur courut à
» l'infanterie de la seconde ligne, l'amena au pas de
» course et rétablit le combat. Chargeant, à la tête des
» bataillons, comme un capitaine de grenadiers, il vit
» tomber autour de lui vingt officiers de son état-

(I) Ray de St.-Géniès.

(II) Voir, à la fin les pièces justificatives, pour *notes* concernant les noms des chefs des gardes françaises et des secours du seigneur de Tracy, arrivés à temps pour seconder *Monsieur*, au centre, les forces étant là encore inférieures à celles des hollandais.

» major; sa cuirasse fut faussée par une balle, mais il
» eut la joie de voir les Hollandais reculer à leur tour.
» Poussés de front par le prince, pris en flanc par le
» maréchal d'Humières, leurs bataillons ne tardèrent pas
» à se confondre en une masse flottante et désordonnée
» qui, sous un dernier choc de la cavalerie, se divisa
» de nouveau, mais en groupes plus ou moins nom-
» breux de fuyards. »

Le prince d'Orange, dit le président Hénault, *fut battu à plate couture.* Les Français ne voyaient plus devant eux, sur tout le champ de bataille, que des fragments d'armée; car de son côté, le maréchal de Luxembourg avait suivi le mouvement offensif du centre, et donné à ses escadrons un dernier élan qui avait tout emporté : la mêlée fut des plus sanglantes.

L'ardeur du combat fut de trois heures et demie; c'est-à-dire depuis deux heures de l'après-midi jusqu'à cinq heures et demie du soir. La cavalerie victorieuse portait la terreur et la confusion partout. Le prince d'Orange montra aussi beaucoup de bravoure qui fit balancer pendant quelque temps la victoire : il se trouva partout. La cavalerie française ayant rompu ses escadrons, il eut assez de peine à les remplacer par son infanterie, qui fut obligée de plier, ayant été attaquée en flanc et de front. — Guillaume s'exposa plusieurs fois pendant le combat, il y avait reçu plusieurs coups. Au désespoir de se voir toujours battu, repoussé et vaincu, il essaya de rallier les fuyards, ramena même quelques corps à la charge (1),

(1) Reboulet, docteur ès-droit, histoire de Louis XIV, déjà citée.

appela à lui presque toute la réserve de la seconde ligne; mais la peur les avait saisis au point de n'être plus capables d'entendre la voix de leur chef. Ce prince se vit entraîné par le torrent, sans qu'il lui fut possible d'y remédier.

Il est dit dans la vie de Guillaume de Nassau, depuis roi d'Angleterre, qu'en ce moment, outré de colère, ce prince coupa le visage à un des siens qui fuyait, en criant à haute voix : « *Coquin, je te marquerai du* » *moins, afin de te connaître, pour te faire pendre* » *après la bataille.* » (I)

L'armée hollandaise, entièrement vaincue, gagna en confusion la hauteur, près le chemin de Cassel à l'Abeele : Elle fut poursuivie de près. N'oublions pas de dire qu'au moment de cette fuite, il y eut un dernier engagement un peu au-delà des ponts jetés la veille sur la Peene, par les Hollandais. Là, les fuyards et des troupes ennemies de la réserve, et autres qui s'étaient ralliées dans l'espoir de couvrir leurs bagages et leur artillerie, s'entrechoquèrent vigoureusement avec les Français qui avaient, de même, traversé les ponts de ce ruisseau, dans leur élan furieux et en poursuivant les vaincus. Cet endroit, de dernier combat, est, encore aujourd'hui, appelé, dans le pays, *la fin de la bataille*. Il est au bas de la colline appelée le *Tom* ou *Schu*, et au versant de sa partie orientale, non loin du nouveau château de Zuydpeene (II).

(I) Mémoires du chevalier du Temple, sur l'année 1677.

(II) La *fin de la bataille* est à la droite de la Peene, entre les

SUITES DE LA BATAILLE

ET NOTES.

Le duc d'Orléans avait employé toute sa valeur pour achever sa victoire; elle fut complète, dit de Larrey. Le prince d'Orange, contraint de céder, lui avait abandonné le champ de bataille couvert de morts : il se retira précipitamment. Monsieur, content de sa victoire, défendit

---

deux villages Noord et Zuyt de ce nom. Ce lieu se trouve proche et au-dessous de ce château actuel de M. Aimart, qui a été bâti sur un ancien manoir féodal. Il est situé au nord-est du champ du combat général; la voie ferrée passe maintenant sur ce terrain. De là, comme du monticule du Tom, on plane sur le champ du combat, qui s'y verrait avec tous ses détails si des arbres n'en offusquaient la vue, en certains endroits.

Il est naturel de penser que c'est vers ce point, surtout, du ruisseau la Peene-becque, que des ponts furent jetés, puisque les troupes hollandaises et françaises les passèrent avant de s'attaquer en dernier lieu.

Obs. On a eu tort de désigner sur des cartes, d'après Cassini, le lieu de cette fin de bataille près de la *Schaeke*, commune de Buysscheure; il est tout à l'opposé, à quelques kilomètres de là.

à ses troupes de le suivre. Le duc de Luxembourg eut seul l'ordre de S. A. R. de poursuivre. Avec son aile gauche, il n'avait pas trop trouvé de résistance dans la droite des ennemis, quoiqu'il vint de défaire entièrement cette aile; aussi ses troupes étant moins fatiguées, Monsieur le chargea de marcher vers les fuyards avec dix escadrons du colonel-général et quelques autres, qu'on tira de l'aile droite du maréchal d'Humières, et que le comte du Plessis eut soin de lui conduire. S'étant détaché, le maréchal atteignit une partie de l'ennemi qu'il tailla en pièces, même après avoir dépassé de deux lieues le mont Cassel (I). Si les Français n'avaient pas rencontré sur leur route, en poursuivant les Hollandais, les bagages de ceux-ci, qu'ils pillèrent, tout ce qui restait de troupes du prince d'Orange aurait été pris.

Guillaume avait perdu cinq mille tués (II) et blessés

(I) Une partie de l'armée hollandaise passa par Wemaers-cappel, delà au chemin dit de St.-Omer, proche du lieu appelé le *Peckel*, près Hardifort, à la gauche de Cassel; puis vers le bois du Temple, et delà, par Watou, à Poperingue, en laissant Steenvoorde à droite. Les chariots de cette division de l'armée restèrent embourbés à la Groene-Straete, où ils furent dévalisés. D'autres fractions de l'armée hollandaise, conduites par le comte de Nassau, arrivé en dernier, passèrent à droite, ou au sud de Cassel, et par la route qui de là se rend directement à Steenvoorde, où elles furent aussi poursuivies et attaquées; ce furent le prince et le comte de Waldeck qui firent leur retraite par la gauche de Cassel avec une partie de la cavalerie et de l'infanterie.

La nuit survenue, les fossés, dont la campagne était coupée, et les sentiers détournés, sauvèrent les débris de l'armée hollandaise.

(II) De Larrey, conseiller du roi de Prusse. (Histoire de Louis XIV. Rotterdam 1734.)

hors d'état de servir, et deux mille cinq cents prisonniers (I); et il avait laissé dans la plaine de la Peene plus de soixante tant drapeaux qu'étendards.

D'autres disent aussi que le maréchal de Luxembourg eut le bonheur de se rendre maître des vivres et provisions. Il mit en pièces, dans sa poursuite, beaucoup de troupes qui se ralliaient pour sauver le bagage dont il s'empara. Enfin il fit prisonniers beaucoup d'officiers et de soldats, tout en prenant le reste de l'artillerie hollandaise. Puis, après avoir poursuivi les troupes débandées jusque près de Steenvoorde, le duc retourna au camp, ou quartier-général, et ses mousquetaires campèrent quelques jours tout proche du champ de bataille.

Le prince d'Orange, voyant la bataille perdue sans ressources, s'était retiré après tous les siens débandés; il était triste, suivi de peu de monde et ne savait pas où il voulait aller. Il se rendit à Poperingue, là il rallia ses troupes harassées. Éprouvant encore en cette occasion que le bonheur ne voulait s'accorder avec sa bravoure, dans aucune de ses entreprises, ce prince ne se découragea pas, cependant; il se retira aux environs d'Ypres (II) d'où il gagna le pays de Waas et alla passer le canal de Bruges. Il mit son armée aux environs d'Ekeloo, afin qu'elle se rafraîchit. Il se rendit de là à Alost, pour y attendre les troupes que lui amenaient

(I) Voir Gd *Vanloo*, traduction de son histoire métallique des Pays-Bas, tome III, p. 215.

(II) Où il fit la revue de son armée et fit punir de mort quelques officiers et soldats des bataillons qui s'étaient conduits avec tant de lâcheté.

les généraux de Munster et de Luxembourg, avec des Espagnols.

Malgré ce cruel échec, le prince d'Orange remporta presque autant de gloire à la bataille de mont-Cassel, que s'il avait été victorieux; et les Français, qui savent honorer la vertu jusque dans leurs ennemis, lui rendirent eux-mêmes ce témoignage qu'il s'était exposé à tous les dangers et comporté partout en grand capitaine et en brave soldat. Deux coups qu'il reçut dans ses armes en étaient de bonnes marques, et si elles eussent été d'une trempe moins fine, il lui en eut coûté la vie (I).

On ne pouvait donner tant de louange au vaincu qu'on ne fît l'éloge du vainqueur. On eut dit que la fortune avait pris plaisir à en égaler les dangers aussi bien que la valeur, car le duc d'Orléans courut risque de la vie par deux coups de mousquet qu'il reçut dans sa cuirasse (II), et il perdit aussi beaucoup de braves gens de son côté : la victoire l'en consola. Après cette victoire, Monsieur s'avança jusqu'à la hauteur qui est

---

(I) « Il fit une retraite, dit le chevalier du Temple, qui ne » fut guère moins honorable qu'une victoire, et qui contribua » beaucoup, de l'aveu même de ses ennemis, à augmenter la » réputation qu'il s'était acquise avec tant de justice. On attri- » bua entièrement à la conduite et à la valeur de ce prince, le » salut du reste de l'armée hollandaise, après la déroute de » leurs premières troupes. »

(II) « Monsieur, dit le président Hainault, y donna de gran- » des preuves de valeur; il eut un cheval tué sous lui, un » coup de mousquet dans ses armes. Le chevalier de Lorraine, » parlant à lui, eut un coup de mousquet dans le chapeau qui » lui effleura le front; le chevalier de Nantouillet eut la cuisse » percée, à ses côtés, et quelques-uns de ses domestiques » furent tués derrière lui. »

au-delà du second ruisseau, la Peene, avec les brigades d'Aubarede et de Villechaude, pour attendre le maréchal de Luxembourg, ou pour le soutenir, au cas où le comte de Nassau fut venu l'attaquer.

Il demeura ensuite quelques jours dans son poste (I), tant pour observer l'état de l'armée ennemie, que pour attendre quelque temps le prince d'Orange, dans le cas où il lui prendrait envie de tenter un second combat; et pour empêcher que quelques-unes de ses troupes ne s'allassent jeter dans St.-Omer. Son but, aussi, était de donner le temps à sa cavalerie de profiter des fourrages qu'on avait trouvés au-delà de Cassel, et à l'infanterie de consumer les munitions que les Hollandais avaient abandonnées : il y en avait, pour la subsistance de leur armée, pour plus de dix jours.

Son Altesse, Monsieur, envoya d'abord, sur le champ de bataille, des chariots et autres voitures avec des médecins, des chirurgiens et des vivres spéciaux, pour secourir ceux des ennemis qui se trouvaient encore en état d'être secourus; ne voulant pas que l'on fît, en cette occasion, aucune différence entre ces malheureux et les soldats de l'armée qu'il commandait (II).

(I) Son quartier-général, proche l'abbaye de Woestine. — S. A. R. logeait dans ce monastère de Dames.

(II) On voit encore dans cette plaine, non loin de la Lyncke, l'emplacement d'une ambulance après la bataille. C'est une grande grange bien conservée, à cause de sa construction très-solide et ses solives énormes. Cette grange, qui fut convertie en infirmerie provisoire, pouvait contenir près de deux cents blessés non transportables, couchés en longueur sur quatre rangs. Elle a vingt-sept mètres de longueur sur huit mètres

Voyant qu'il n'y avait point d'apparence de nouveaux engagements avec les Hollandais, puisque le prince d'Orange se retirait entre Bruges et Gand, Monsieur retourna, vers le 19, proche St.-Omer, dans son camp de Blandek, pour presser encore plus le siége de cette ville. Les troupes furent mises en grande partie en bataille sur les hauteurs d'Arques.

Le maréchal de Humières, immédiatement après la bataille au val de Cassel, s'était rendu devant la place, pour remettre toutes choses en état, et redoubler les attaques; ce qui fit cesser les sorties vigoureuses des assiégés, pendant l'absence momentanée du plus grand nombre des troupes emmenées à la rencontre du prince d'Orange.

Le prince de Robek (et non de Morbeck comme on l'a dit), qui commandait dans St.-Omer, ne se pressa pas de se rendre; il continua de se défendre, quoiqu'il se vit sans espérance d'être secouru : il ne se rendit que le neuvième jour après la bataille dite de Cassel : le 20.

---

de large. M. Ternynck, vicaire-général à Arras, est actuellement le propriétaire de la ferme.

C'est vers ce point que des individus arrivèrent en voiture, peu de temps après l'évacuation des dernières troupes; ils firent tourner les ailes des moulins du Tom vers l'ouest, et, après s'être orientés, ils déterrèrent des sommes d'argent qu'ils se sont hâté d'emporter. — On dit dans le pays qu'il y a encore un trésor de caché dans un petit bois voisin.

C'est aussi dans ce voisinage que l'on trouve quantité d'ossements, à peine à un mètre de profondeur; on les porte successivement au cimetiere du village; des armes diverses, des monnaies, beaucoup de balles et des biscaïens, y ont été trouvés, et même des boulets sont déterrés dans les environs, surtout proche de la Lyncke inférieure : nous faisons une collection de ces objets d'histoire locale.

La nouvelle de la défaite du prince avait accéléré la prise de la citadelle de Cambrai; le gouverneur la rendit peu de jours après.

Le roi, après la capitulation de Cambrai, partit le matin du 20. Il arriva le 22 à Terouane, où Monsieur vint voir Sa Majesté; de là S. A. R. revint à son camp avec les ordres du roi d'accorder immédiatement une capitulation des plus honorables aux assiégés de St.-Omer qui se rendaient; la ville étant sur le point d'être emportée d'assaut. Les troupes espagnoles en sortirent le 22 avec armes et bagages. Ainsi fut faite la conquête de trois des meilleures places des Pays-Bas catholiques qui, de frontières qu'elles étaient auparavant, aux ennemis des Français, devinrent frontières contre eux, pour arrêter leurs irruptions, et pour faciliter celles de la France.

Le 25, S. M. Louis XIV se rendit à Gravelines et le soir à Dunkerque, où il ordonna de nouvelles fortifications. Le 27, elle passa à Bergues, et le 28, elle retourna à Calais, puis s'arrêta quelques jours à St.-Omer, à partir du 1.er mai.

Après avoir laissé le commandement supérieur de son armée au maréchal de Luxembourg, le roi retourna, avec Monsieur, à St.-Germain-en-Laye, où il médita sur de nouveaux projets de conquêtes mentionnées, plus haut, et dont la réalisation fut, pour la France, le prélude heureux de la paix de 1678.

Le prince d'Orange, six semaines après la bataille de Cassel, se vit en état de se rendre en campagne, ayant réuni ses forces aux secours envoyés par ses alliés. Vers la fin de juillet il avait formé une nouvelle armée de 50,000 hommes, y compris les troupes d'Espagne.

Les Etats avaient assigné, immédiatement après les pertes considérables du prince, six cent mille florins pour le recrutement de ces troupes (1).

(1) G[ard] Vanloo ou Van Loon. — Histoire métallique.

Note sur le nombre des morts, blessés et prisonniers de l'armée de Hollande, et sur les autres de ses pertes à la bataille de Cassel.

Les auteurs varient assez sur le nombre des morts et blessés à la bataille de 1677; nous pensons que pour concilier il ne faut en prendre que la moyenne. Nous avons vu que de Pélisson dit qu'il demeura 6,000 Hollandais sur place, sans parler des Français.

Reboulet : Les alliés laissèrent 3,000 morts sur le champ de bataille; on leur fit plus de 3,000 prisonniers.

De St.-Géniès dit la même chose.

Le baron de Vuorden : 4,000 hollandais tués sur place et autant de prisonniers, près du quart de l'armée du prince d'Orange.

De Mezeray : La journée de Mont-Cassel coûta aux alliés *plus de quatre mille hommes tués*, outre près de *trois mille prisonniers*.

G. Vanloo, hollandais, dit : S'il faut en croire les Français, les alliés perdirent dans cette bataille plus de 4,000 morts sur le champ de bataille, sans compter plus de 2,500 prisonniers.

De Larray avance qu'il y a eu 5,000 morts et 2,500 prisonniers.

Dans un ouvrage (I) imprimé à Amsterdam, en 1754, et que l'on ne peut suspecter, il est dit que les alliés y perdirent plus de 3,000 hommes.

Le journal chronologique de Lamoral de Neufville, dit aussi 2,500 prisonniers.

Enfin l'histoire de Louvois rapporte qu'il y a eu du côté des Hollandais, *trois mille morts, quatre à cinq mille blessés* et *deux mille cinq cents prisonniers,* et du côté des Français *douze cents morts* et *deux mille blessés.*

De St.-Géniès dit, lui, pour les Français; *deux mille hommes tués* et *deux mille quatre cents blessés.*

Enfin, dans la *Campagne du Roy* (II), il est dit : plus de dix mille hommes furent perdus du côté des Hollandais; c'est-à-dire plus de 3,000 morts, autant de blessés ou prisonniers, et le reste débandé ou rendu incapable de servir.

Il a été écrit que la défaite de cette armée aurait été entière sans l'inégalité du terrain, les marais, les haies, les forêts, les broussailles et la nuit qui survint.

(I) Histoire du traité de Nimègue.

(II) Par P. V. (anonyme) 1678. — Imprimerie de E. Michallet.

On est plus d'accord dans les rélevés des pertes des Hollandais en fait de drapeaux et munitions, ainsi dans l'*Histoire de Louvois* on trouve :

Qu'il y a eu, du côté des Hollandais, perte de quarante drapeaux, quatorze étendards, tout le canon, toutes les munitions, tous les magasins aussi perdus.

L'auteur ajoute que ce sont là les résultats de la bataille sanglante de Cassel, vraie bataille rangée dans la force du mot. Il énumère le nombre des morts et de blessés comme ci-dessus (1).

Reboulet dit : Les alliés perdirent, outre leur bagage, treize pièces de canon, deux mortiers, quinze étendards et quarante-un drapeaux, enfin tous leurs caissons, farines, avoines, et généralement tout ce qu'ils avaient de munitions de guerre et de bombes.

De St.-Géniès avance qu'ils perdirent tous leurs bagages, et les autres objets désignés ci-dessus par Reboulet, ce qui semble avoir été copié l'un de l'autre.

De Larrey dit : Le prince y laissa plus de soixante tant drapeaux qu'étendards, avec le nombre de canons et de mortiers désignés ci-dessus.

D'autres auteurs varient peu aussi dans cette énumération, même Van Loon, qui était hollandais.

Parmi ces drapeaux hollandais et espagnols il y en avait qui présentaient, au centre, une branche d'oranger terminée par une orange, avec la dévise *Noli me tangere;* d'autres avec la devise *Pro patria mea.* A certains

(1) Détail de la bataille de Cassel, 11 avril. — Saint-Pouenge à Louvois, 13 avril. — Louvois à Créqui, 12 avril.

étendards espagnols, il y avait une croix de St.-André de Bourgogne, ayant aux quatre intervalles des branches le chiffre couronné du roi Charles II, c'est-à-dire C. H.

Notons ici qu'à la bataille de Steinkerke, le 3 août 1692, le prince d'Orange n'avait pas tant de drapeaux qu'aux combats précédents et à celui de Cassel; il avait ordonné, quelque temps avant, que son infanterie n'aurait qu'un *drapeau par bataillon*. Guillaume de Nassau se souvenait que ses drapeaux avaient été vus souvent à Paris, et que les rues en avaient été remplies surtout après les batailles de *Cassel* et de *Fleurus;* il avait voulu éviter une pareille honte, s'il ne pouvait éviter plus tard un pareil malheur.

Outre ses ordres de diminuer le nombre de ces drapeaux, donnés dans toute prévision, (mais pas immédiatement avant le combat, pour ne pas donner l'éveil et le découragement à ses troupes), il ordonna encore secrètement, que tous ceux qui se verraient hors d'état de conserver leurs drapeaux, eussent à les déchirer plutôt que de les abandonner aux ennemis (1).

Le maréchal de Luxembourg vainquit encore cette fois Guillaume, prince d'Orange.

(1) Relation du combat proche de Steinkerke, brochure d'un anonyme, 1692, imprimée, in-12, à Paris, chez Michelet.

ADDITIONS

ET

PIÈCES JUSTIFICATIVES, ETC.

Lettre de S. A. M.r le prince d'Orange, à Leurs Hautes Puissances, *datée d'Ypres le 13 avril 1677, concernant la bataille, perdue par lui, près de Cassel.*

Hauts et puissants Seigneurs,

Pour informer exactement V. H. P. ainsi que nous y sommes obligés, de ce qui s'est passé dans le dernier combat auprès de Cassel, il leur plaira sçavoir, qu'ayant hasté nostre marche, autant qu'il nous estoit possible, pour secourir St.-Omer, le 9 au soir, nous vinsmes camper dans un village nommé Marie-Cappel, une demy lieue en deçà de Cassel, et y apprismes que les ennemis séstoient venus poster à une lieue et demy de là, et droit dans le chemin qu'il fallait que nous passassions. Nous résolusmes pourtant à continuer nostre marche, laquelle fût fort fascheuse, à cause de quantités de défilés; de sorte que le lendemain 10, nous ne pusmes avancer que jusqu'à à un petit ruisseau nommé Pene, à l'autre bord duquel nous apperceûsmes les ennemis, qui sèstoient mis en bataille sur un terrain qui semblait assez découvert; et ayant consulté tous les guides et tous ceux qui connaissent le païs, ils nous asseurèrent tous, qu'il n'y avait point d'autre passage pour aller à Bacq, qu'on jugeoit estre la seule place par où St.-Omer pouvoit estre secouru; c'est pourquoi nous résolusmes de passer ce ruisseau, et d'aller attaquer l'ennemy. A cet effet, ayant fait faire des ponts et réparé ceux que les ennemis avoient rompus, nous passâmes ce ruisseau Devanthier, à la pointe du jour, et cela si promptement que tout estoit passé devant que les François s'en apperceussent; mais lorsque nous fusmes passés, nous fusmes bien surpris de voir qu'il y avoit encore un autre ruisseau entre l'ennemy et nous, couvert de plusieurs hayes, bien que ceux qui connoissent le pays eussent asseuré le contraire, et qu'après avoir passé le ruisseau, nous ne trouverions plus de défilés entre l'ennemy et nous; de sorte que nous nous trouvasmes fort embarrassés comment passer le second ruisseau, à la veûe de l'ennemy, qui en étoit tout proche et en bataille, et fis occuper l'abbaye de Piènes, qui est à l'autre bord, par mon régiment de dragons, pour tascher de passer à la droite; mais ayant fait reconnoistre le lieu, on trouva que le terrain étoit si fort entrecoupé, qu'on n'y pourroit pas passer. Peu après nous en vinsmes pourtant aux mains avec les ennemis, qui attaquèrent l'abbaye que nos dragons gardaient, qui firent une longue résistance jusqu'à ce que nous y eussions envoyé quelques bataillons, qui repoussèrent l'ennemy.

Ensuite nous fismes retirer les dragons et mettre le feu à l'abbaye, de crainte que les François s'en emparassent, puisqu'ils pouvoient fort nous incommoder de ce côsté là; un moment après, l'ennemy fit couler son aisle droite, pour nous prendre par le flanc de costé gauche qui estoit couvert de plusieurs hayes, où l'on avoit posté deux bataillons; mais voyant que l'ennemy se renforçait de ce costé là, nous fismes avancer encore trois bataillons et faire demi-tour à quelques esquadrons, pour faire face en flanc, et garder l'espace ou plaine qui étoit derrière les hayes; mais les deux premiers régiments quittèrent honteusement leur poste dès que les ennemis vinrent à eux; de sorte qu'on n'eût pas le temps de poster les trois régiments que nous avions fait venir pour les soutenir; tellement que n'ayant pas encore pris poste, et voyant que les deux premiers bataillons fuyaient, ils prirent aussi la fuite, et se renversèrent sur les esquadrons qui étoient là pour les soutenir : ce que causa beaucoup de confusion ; sur quoi la cavalerie ennemie, venant à avancer, et étant soustenue de l'infanterie, qui faisait un feu continuel, nos esquadrons furent poussés, mais pas loin, s'estant ralliés incontinent; de sorte qu'ils poussèrent les François à leur tour; mais l'infanterie ennemie s'avançant là-dessus, et ayant occupé les hayes où les nostres avoient esté, ils ne purent pas faire longue résistance, n'y empescher que le reste de nostre infanterie ne fust attaquée en flanc aussi bien qu'en front. Elle a très-bien fait, mais estant attaquée en mesme temps par devant et à costé, et ne pouvant plus résister, elle quitta son poste, l'on repassa le ruisseau, et nous nous retirâmes à Steenvord et de-là à Poperdingue. Aujourd'hui nous avons fait passer les troupes par cette ville. L'ennemy a eu en cette rencontre des forces incomparablement plus considérables que nous ne nous estions persuadés, ayant reçeu, la nuit qui précéda le jour du combat, un grand renfort de l'armée qui est devant Cambray; de sorte que, selon le rapport de tous les prisonniers françois, il étoit fort de trente-neuf bataillons, et de cent esquadrons. Nous avons fait tout ce que nous avons pu et deu faire, et sommes bien marris d'estre obligés de dire à V. H. P. qu'il n'a pas plu à Dieu de bénir cette fois les armes de l'estat sous nostre conduite. Nous ne pouvons pas encore informer exactement V. H. P. de toutes les particularités et de la grandeur de la perte. Nous tascherons de réparer toutes choses du mieux qu'il nous sera possible, et recommandons sependant. V. H. P. hauts et puissants seigneurs, etc.,

D'ipre, le 13 avril 1677.

étoit signé

G. H. Prince d'Orange.

Missive du sieur de Dikvelt, commissaire des guerres, écrite aux nobles et puissants seigneurs les Conseillers d'Etat d'Ypres, le 12 avril 1677.

Nobles et puissants Seigneurs, ayant reçu des Espagnols l'assurance que, par sa situation avantageuse, la ville de St.-Omer pouvait être facilement secourue, Son Altesse jugea à propos de faire une tentative pour faire lever le siége de cette place, et en conséquence elle hâta sa marche avec toute la promptitude possible. Arrivé le 9 au soir à Ste.-Marie-Cappelle, au-delà de Cassel, Son Altesse fut informée que le maréchal d'Humières avait fait sortir de son camp la plupart de ses troupes et pris poste à une lieue et demie de nous, sur la route qui conduisait à St.-Omer. Elle résolut néanmoins de continuer sa marche, et étant arrivée le lendemain en vue des ennemis, elle aurait désiré livrer bataille, le même après-dîner, mais elle en fut empêchée par un petit ruisseau qui se trouvait entre nous et les ennemis.

informée par tous ceux qui connaissaient le pays, qu'en passant ce ruisseau, on se trouverait sur le même terrein que l'ennemi, et qu'ensuite on pourrait l'attaquer sans obstacle, Son Altesse fit rétablir pendant la nuit, les ponts que l'ennemi avait détruits, et construire plusieurs ponts nouveaux. Elle effectua le passage à la pointe du jour, avec toute son armée, sans que l'ennemi s'en fût aperçu; mais hors de toute attente, elle trouvait qu'un autre ruisseau nous séparait des ennemis. Pendant que Son Altesse cherchait les moyens de le passer, les Français qui avaient reçu, la nuit, un renfort considérable de l'armée, qui se trouvait devant Cambrai, et nous surpassaient par là de beaucoup en nombre de cavalerie et d'infanterie, commencèrent à attaquer un monastère situé à notre droite près du village de Peene, que Son Altesse avait fait occuper par des dragons. Repoussés delà avec la plus grande vigueur, ils firent défiler leurs troupes pour attaquer en flanc notre aile gauche, ce qu'ayant remarqué Son Altesse, elle y opposa plusieurs bataillons contre une haie, derrière laquelle elle plaça de la cavalerie; mais l'ennemi tombant avec fureur sur l'infanterie, les deux bataillons qui se trouvaient de front, commencèrent à reculer, et quoique Son Altesse les eût ramenés et encouragés par son exemple, en déployant elle-même la plus grande valeur, ils se mirent de nouveau à fuir lâchement, et cette conduite infâme ayant été imitée par les trois ou quatre bataillons qui les suivaient, les Français chargèrent avec vigueur les escadrons. Ils furent repoussés d'abord avec grand courage, mais étant devenus maîtres des haies, dont il a été fait mention ci-devant, nos escadrons durent enfin se retirer. Son Altesse amenait de temps en temps de nouveaux renforts; mais déjà l'ennemi avait obtenu trop d'avantages, de sorte que le prince, voyant qu'il ne pouvait plus remédier au mal, prit la résolution, pour éviter de plus grands désastres, de faire sa retraite, une partie de la cavalerie, sous les ordres du comte de Nassau, marcha par la droite de Cassel, et Son Altesse avec le comte de Waldeck, se retira avec le reste de la cavalerie et l'infanterie, à gauche de cette ville. Ils se réunirent au-dessus de Steenvoorde, arrivèrent le même soir à Poperingue, et passèrent par cette ville pour se loger pendant la nuit, dans les villages situés sur la route de Bruges. La plupart des régiments, principalement de l'infanterie, ont essuyé de grandes pertes; mais on ne peut encore connaître toutes les particularités de cette journée, ni quels sont les officiers tués ou pris. Les généraux sont tous en bonne santé et près de l'armée. Plusieurs bataillons et escadrons Français ont aussi beaucoup souffert. Rendons grâces à Dieu d'avoir conservé la personne de Son Altesse qui, pour obtenir un bon succès dans son entreprise, a fait tout ce qu'il était humainement possible de faire, a dirigé elle-même l'attaque, rallié et encouragé les troupes, s'est par là presque toujours trouvée, pour ainsi dire, au milieu des ennemis, et tellement exposée que sa conservation tient presque du miracle; aussi, selon toute apparence, Son Altesse aurait péri si elle n'avait été couverte de sa cuirasse à l'épreuve, sur laquelle elle reçut deux coups de mousquet. Dieu tout-puissant, veuille conserver longtemps Son Altesse à l'Etat, et bénir votre gouvernement et vos personnes!

Sur quoi, nobles et puissants Seigneurs, etc.

Ypres, le 12 avril 1677.

Signé : Everadt van Weede.

Relation de la bataille de Cassel, telle qu'elle a été rapportée par les espagnols (1).

MONSIEUR,

Il aura été donné, sans doute, plusieurs relations de la dernière bataille près de St.-Omer, mais je vous en ferai en peu de mots un récit véridique. Son Altesse, Monseigneur le prince d'Orange, en arrivant près de la Peene, trouva l'ennemi posté derrière une petite rivière. Il fit néanmoins attaquer par deux régiments, le poste où se trouvaient quelques Français, retranchés derrière un pont détruit, et les obligea avec quatre pièces de canon à se retirer. Ensuite il fit jeter plusieurs ponts sur ce ruisseau, pour faire passer l'aile gauche de son armée, et, un peu plus bas, plusieurs autres pour le passage du centre et de l'aile droite. Mais il trouva encore une petite rivière derrière laquelle l'ennemi, qui avait reçu le matin un renfort de 15,000 hommes,

(1) Relation publiée dans les Pays-Bas espagnols.

s'était rangé en ordre de bataille sur un plateau élevé, d'où il fit un feu d'artillerie si vif sur l'armée de Son Altesse, que le second ruisseau, quoique n'étant éloigné que d'une portée de fusil, semblait impossible à passer. Cependant les Français qui avaient reçu tant de renforts, descendirent enfin eux-mêmes de la hauteur, et attaquèrent, dans une position très-avantageuse, l'aile gauche de l'armée du prince. On se battit de part et d'autre avec beaucoup de vigueur, mais la peur commença à gagner l'aile droite du prince, par la défection d'un corps de marins, qui mit le désordre dans les rangs, et fut cause que cette aile prit aussi la fuite. Son Altesse était présente à l'action et déploya une valeur admirable; mais, malgré tous ses efforts, elle ne put rétablir l'ordre dans l'aile gauche. Son Altesse continua néanmoins à combattre et reçut sur sa cuirasse deux coups de mousquet; la cavalerie ne put pas secourir l'aîle gauche, à cause des haies, des fossés et du mauvais terrain sur lequel se trouvait l'armée du prince. L'aile droite, commandée par le comte de Waldeck, fut attaquée en même temps que l'aile gauche et le centre; de sorte que la bataille devint générale. L'aile droite faisait cependant meilleure contenance que l'aile gauche; elle déploya un courage et une vigueur admirables. De temps en temps, le comte de Waldeck fit porter du secours aux régiments qui souffraient le plus; mais la cavalerie, à cause d'un ruisseau qui se trouvait de ce côté, n'y pouvait être également que d'un faible secours, néanmoins l'aile droite soutint longtemps les efforts de l'ennemi; mais voyant enfin que les Français venaient l'attaquer de tous côtés, elle reçut également l'ordre de se retirer. Quelques régiments de cavalerie rendirent alors un grand service, en arrêtant l'ennemi, pendant que l'infanterie faisait sa retraite; car, à dire la vérité, l'ennemi semblait avoir tant souffert, qu'il montrait fort peu le désir de poursuivre l'armée du prince. Voilà le récit abrégé de cet événement (1).

(1) Cette pièce, publiée par M. Schayes, antiquaire à Louvain, est traduite du Hollandais.

Extrait d'un document inédit (1), *d'un anonyme, pour servir à l'histoire des guerres de Flandre, etc.*

Le prince d'Orange, général des trouppes des Hollandais, pris d'une vaine gloire et s'imaginant de battre les François devant Saint-Omer, sans l'assistance des Espagnols, vint avecq une armée de 25,000 hommes lestes et bien équipés jusques à Peene, au bas de Cassel. Le roi estant adverty de sa marche, et ayant reduict Cambray à l'extrêmité, détacha le duicq de Luxembourg, en poste, avec quantité de trouppes de son armée qui vindrent joindre celles de Son Altezze, qui avoit quitté le siége de St.-Omer, saulf quelque légère garde pour maintenir les lignes et le fort de vacse ja prins.

Les Hollandois eurent plusieurs rudes chocqs et se deffendirent généreusement au commencement, mais à la

(1) Document publié par M. de Coussemaker, et extrait du registre aux privilèges de la ville et de la chastellenie de Bourbourcq. — Notes écrites peu de temps après la défaite du prince d'Orange près Cassel, par un habitant du pays flamand, peu éloigné du champ du combat de 1677 : Son style l'indique assez.

fin les Franchois plus adroicts et plus habiles en l'art militaire, firent si bien qu'ilz mirent les Hollandais en déroste. Ils prindrent la fuitte en confusion, avecq perte considérable de leur monde ce qui fust encoir un bonheur pour Bourbourcq, car si la France auroit eu desuere (le dessous), toutte la ville et chastellenie debvoit autrefois (de nouveau) déserter (1).

Les Franchois victorieux de cette bataille retournèrent pour achever le siège de St.-Omer qu'ilz emportèrent quelques jours après.

---

(1) *A cause des Espagnols*. On sait combien ils étaient craints et haïs en Flandre surtout, par leur despotisme, leurs cruautés et leur intolérance fanatique. La souvenance seule des actes espagnols donnait la terreur; leur départ fut donc un bonheur pour le pays. Les Flamands tenaient les Espagnols pour leurs mortels ennemis, et ils espéraient en quelque jour s'en venger, se délivrer de cette *tyranique servitude* comme ils l'appelaient, ayant perdu leurs immunités, franchises et privilèges; et ne pouvant, par la domination de ceux de cette nation intrue, librement disposer de leurs facultés et moyens.

Voici pour preuve, un extrait des *décisions de protection mutuelle* entre les provinces des Pays-Bas citées par *Chapuis* (A) et imprimées par lui, en 1633.

« Nous soussignés prélats etc... représentants des Estats des » Pays-Bas, etc., voyans nostre commune patrie estre misé» rablement affligée et travaillée de la plus que barbare et » tyrannique oppression des Espagnols, avons été contrainets » de nous assembler d'un commun accord et consentement, » pour résister auxdicts Espagnols, leurs compagnons et fau» teurs, ja déclarez rebelles et ennemis de Sa Majesté et de » nous. Et pour ce faire, nous avons mis ensemble argent et » levé gens de guerre pour nous défendre, avec les armes, et » le conseil, à l'encontre d'eux.

. . . .

Et pour confirmer, cette union et sainete ligue nous l'avons signée de nos propres mains....., etc., etc.

(A) G. Chapuis, histoire générale de la guerre en Flandre de 1559 à 1633.

Narration sommaire de la bataille de Cassel de 1677, d'après Pélisson.

Nous croyons utile de donner aussi la citation de ce contemporain, le célèbre Pélisson, qui résume l'affaire.

St.-Omer se défendait courageusement, comme Cambrai, et le prince d'Orange, qui avait solennellement promis aux Espagnols d'en faire lever le siège, eut le temps de s'avancer. Le roi, informé de sa marche, envoya ordre au duc d'Orléans d'aller au-devant des ennemis, et de s'emparer des postes qu'il jugerait les plus avantageux pour les combattre. En même temps, il fit un grand détachement de son armée pour renforcer celle du prince. Le duc d'Orléans, suivant cet ordre, s'avança vers le mont Cassel (1). A peine y était-il campé, qu'il vit paraître les ennemis. Comme il avait laissé une partie

(1) Vers le village de Peene, à 7^{k} 500^{m} ouest de Cassel.

de ses troupes au siège de St.-Omer, il fut d'abord un peu incertain du parti qu'il devait prendre, ne se croyant pas en état, avec si peu de forces, de donner la bataille. Mais le Roi avait pris ses mesures si justes que, dans cet instant même, le renfort qu'il lui envoyait arriva. Alors il ne balança plus; et plein de joie et de confiance, il résolut de combattre. Les deux armées n'étaient séparées que par un petit ruisseau (I). Le lendemain, dès le point du jour, le duc d'Orléans mit ses troupes en bataille, et voyant que les ennemis commençaient à faire un mouvement, il passa le ruisseau (II), et marcha à eux. Leur armée était au moins de trente mille hommes. Ils soutinrent le premier choc des Français avec une grande vigueur, et renversèrent même plusieurs de leurs escadrons. La victoire fut plus de deux heures en balance; mais la présence du duc d'Orléans, qui ce jour-là fit partout l'office de soldat et de capitaine, força la fortune à se déclarer de son parti. Alors les Français, irrités d'une si longue résistance, firent un fort grand massacre des ennemis. La déroute fut générale, et il y demeura de leur côté plus de six mille hommes sur la place. Leur canon fut pris et tout leur bagage pillé. Aussitôt le duc d'Orléans retourna devant St.-Omer, et eut soin de faire savoir aux assiégés le succès de la bataille (III).

(I) Deux ruisseaux, la *Lyncke* et la *Peene*, les Hollandais côtoyaient la droite de ce dernier.

(II) La *Lyncke* seulement; les Français étaient campés à sa rive gauche.

(III) Histoire de Louis XIV, de 1661 à 1678, de *Pélisson*.

Obs. — Nous tenions à donner cette description sommaire

Autres extraits, d'auteurs officiels (1), *concernant la bataille de 1677.*

Son Altesse Royale le duc d'Orléans,
Le Maréchal duc de Luxembourg.
Le Maréchal de Humières, etc.

Les *compagnies des gardes françaises* étaient commandées par Henri-François de Montmorency, duc *d'Epinai-Luxembourg*, dit de Boutteville. Il contribua en grande partie à décider la victoire de mont-Cassel, par ses bons ordres et la vigueur avec laquelle il mena ses

de la bataille, elle énumère les épisodes les plus remarquables de la journée de Peene.

Il y a de même à consulter les lettres de *M. de Pélisson sur les Campagnes du Roi*. Cet auteur a écrit sans esprit de parti, quoiqu'il restât fidèle à son ami disgracié, le ministre Fouquet. On le sait, Jean de la Fontaine et lui ne l'abandonnèrent jamais, et cette noble amitié conservée dans l'infortune, fut chantée par Voltaire et Delille.

(1) *Abrégé chronologique et historique de la Maison du Roi.* — Livre des gages de la chambre des comptes des guerres. — Manuscrits de la bibliothèque du roi, etc., etc.

troupes au combat. Il fut l'élève du grand Condé. Il se trouva à la bataille de Rocroi, le 19 mai 1643, et fut fait maréchal de France, le 30 juillet 1675.

Les *mousquetaires* étaient sous les ordres de ce duc.

Leurs compagnies n'étaient presque composées que de jeunes seigneurs ou de gentilshommes, parce que c'était une excellente école pour apprendre le métier de la guerre. Ils firent en 1677 la plus glorieuse des campagnes. Après avoir, eux seuls, emporté Valenciennes, ils combattirent avec une telle intrépidité à la bataille de mont-Cassel, qu'ils furent la terreur des ennemis, et qu'ils y acquirent une gloire immortelle.

Pendant le siège de Cambrai les deux compagnies furent détachées, avec un régiment de dragons et huit bataillons, sous le maréchal de Luxembourg, pour aller renforcer l'armée de Monsieur, frère du roi; dès que S. A. R. vit arriver le maréchal vers St.-Omer, elle se mit en marche le 8 avril, à la tête de son armée, pour aller au-devant des ennemis, de sorte que les deux armées se rencontrèrent le 10 du même mois. Le 11, jour des Rameaux, elle avait son armée rangée en bataille sur deux lignes. Sa droite appuyée au mont d'Aplinghen, (colline d'Ebblinghem), et la gauche allait jusqu'à l'abbaye de Pienne, dont ses troupes venaient de s'emparer. La droite était formée des deux compagnies des mousquetaires et de six escadrons de la gendarmerie, commandés par le maréchal d'Humières qui avait sous ses ordres *M. de la Cordonnière*, lieutenant-général, et le chevalier *de Sourdis*, maréchal de camp.

Le *maréchal de Humières*, ayant commencé la bataille par la droite, fit charger par la gendarmerie cinq escadrons de la gauche des ennemis, pendant qu'il ordonna aux compagnies de mousquetaires, à la tête desquels étaient MM. de Forbin et de Janvelle, de mettre pied à terre, et d'aller attaquer, l'épée à la main, deux bataillons des gardes du prince d'Orange, qui étaient environnées de haies vives, ayant devant eux un large fossé (I). Il était deux heures après-midi quand ces deux compagnies, composées de la plus florissante noblesse du royaume, capables d'affronter les plus grands périls, franchirent ce fossé, malgré leur feu terrible, avec une intrépidité sans égale, les enfoncèrent d'abord, et les poursuivirent assez loin, en bottes (II), les taillant en pièces, jusqu'à ce que la gendarmerie arriva, qui les passa tous par les armes. Pendant ce temps les mousquetaires retournèrent pour monter à cheval, avec une telle vitesse, qu'on fut obligé de leur envoyer dire de marcher avec plus de retenue, parce que leur précipitation faisait croire aux troupes qu'ils avaient été battus. A peine furent-ils arrivés dans le verger, où ils avaient mis pied à terre, à la portée du mousquet des ennemis, qu'ils remontèrent à cheval et trouvèrent, en poursuivant les ennemis, un terrein à découvert, à huit cent pas sur la droite du moulin, qui pouvait contenir huit ou dix escadrons de front; ils s'y mirent en bataille, dans

---

(I) On veut parler ici du ruisseau la Lyncke.

(II) Mémoires et expéditions militaires de la guerre de Hollande.

l'espoir que la cavalerie hollandaise viendrait les charger, parce qu'il y avait deux gros bataillons, soutenus sur le flanc de quatre autres, vis-à-vis des deux compagnies des mousquetaires, derrière de grands fossés et des haies où la cavalerie ne pouvait passer. Ils leur firent trois ou quatre salves de fort près, qui otèrent la vie à M. de Moissac, cornette de la première compagnie, et à sept à huit mousquetaires; de sorte que ce poste leur paraissant trop dangereux pour y résister, et attendre les ordres des généraux qui ne paraissaient pas, ils allaient cependant toujours charger, quand le maréchal d'Humières parut qui les arrêta. Ils demeurèrent toujours exposés sans se pouvoir défendre, jusqu'à ce que M. de la Cordonnière vint leur faire volte-face, afin de marcher au-devant de trois à quatre mille chevaux qui allaient sur leur droite, pour les prendre par derrière, ou pour se jeter dans Saint-Omer. Ce mouvement était dangereux pour les deux compagnies, qui ne pouvaient se retirer que par des défilés à la vue des deux bataillons qu'ils avaient en tête; mais se voyant couverts par deux escadrons qui restèrent en bataille, sur lesquels ils sortirent, les deux compagnies eurent le temps de continuer leur chemin pendant que d'autres troupes, tombant sur les deux bataillons, et les quatre qui les soutenaient, les taillèrent en pièces. Les choses n'étaient pas en aussi bon état à gauche des mousquetaires, car le centre ayant été enfoncé, il n'y eut que la présence de Monsieur qui fut capable de rétablir le combat en ce lieu. Dès que ceux que j'ai dit, qui étaient venus pour prendre les mousquetaires par derrière, les virent aller au-devant d'eux et eurent remarqué le désordre de leur droite, ils jugèrent pour lors qu'il était de leur prudence de faire volte-face, et de se retirer sur leur gauche sur le chemin d'Ypres. Monsieur défendit de les poursuivre, et il n'y eut que le maréchal de Luxembourg, qui le fit, avec huit escadrons, jusqu'à une lieue et demie par-delà le mont-Cassel, et ne s'arrêta qu'au milieu de la nuit. Le lendemain Son Altesse Royale écrivit aux commandeurs des deux compagnies, pour les faire revenir occuper leur poste; il donna dans sa lettre beaucoup de louanges aux deux compagnies, en voici les termes : *qu'ils avaient ébauché la victoire et donné pour ainsi dire le branle à toute l'affaire*. En effet ils en virent les fruits à leur arrivée, sçavoir soixante drapeaux ou étendarts, deux mille cinq cents prisonniers, quatorze pièces de canon : les deux compagnies, outre la perte de M. de Moissac, dont il a été parlé, eurent vingt-cinq à trente mousquetaires tant tués que blessés; entre ces blessés se trouva le comte du Luc, qui eut un bras emporté; le roi le fit, en sortant de la compagnie, capitaine de ses galères. Les mousquetaires qui furent les plus heureux de l'armée, eurent en revanche beaucoup de chevaux tués; les deux compagnies campèrent sur le champ de bataille jusqu'à la reddition de St.-Omer. Elles furent ensuite rejoindre le roi, le suivirent à Dunkerque et à Calais, après la prise de la citadelle de Cambray.

La gendarmerie, qui est le corps le plus distingué de toutes les troupes de France, après la maison du roi, tant par ses exploits que par l'illustre naissance de la plupart de ses officiers, se distingua aussi à la bataille de mont-Cassel. Elle sortit de son quartier en février, pour se rendre en Flandre dans les places-fortes frontières, pour être à portée de joindre l'armée de Monsieur, frère du roi, que S. M. avait formée, immédiatement après la prise de Valenciennes, afin qu'il assiégea Saint-Omer. Dès la première nouvelle qu'on eût que le prince d'Orange assemblait une armée, elle eut ordre de joindre Monsieur. S. A. R. ayant été informée de la marche du prince d'Orange, prit aussitôt la résolution d'aller à sa rencontre, avec la plus grande partie de son armée, ne laissant que les troupes nécessaires pour le siège.

Arrivée au-dessous de mont-Cassel, les deux armées se trouvant en vue l'une de l'autre, Son Altesse Royale s'appliqua à ranger la sienne en bataille; le 10 avril, la gendarmerie occupa toute la droite et passa, de même que le reste des troupes, toute la nuit en bataille jusqu'au lendemain à deux heures après-midi, que le maréchal d'Humières qui commandait la droite, passa à la tête de la gendarmerie et des mousquetaires du roi, le pont de pierres et le ruisseau qui séparait les deux armées, après les avoir reconnus, pour se présenter à la gauche du prince d'Orange, et ordonné aux deux bataillons de Navarre de le suivre; ayant formé le dessin de gagner les haies et les jardins, qui étaient au milieu de la première ligne des ennemis, où se trouva deux gros bataillons hollandais soutenus de neuf escadrons de Brederode-Kinskel; il commanda aussitôt, pour s'en débarrasser, les mousquetaires du roi, qui mirent pied à terre, et les deux bataillons de Navarre pour les attaquer, pendant qu'il fit former deux lignes par la gendarmerie et les deux brigades de Revel et de Montrevel, qui se trouvèrent en tête des gardes du prince d'Orange. Malgré les périls et les obstacles qui se trouvaient dans cette grande espace où étaient lesdites gardes du prince d'Orange, l'escadron des gardes écossaises ayant le maréchal à leur tête chargea plusieurs escadrons de ces gardes; mais comme ils les trouvèrent soutenus de leur infanterie, on donna ordre aux bataillons de la Reine et d'Humières, d'aller attaquer cette infanterie dès qu'ils auraient passé le ruisseau; ce qu'ils firent dans l'instant, avec tant de valeur, qu'ils donnèrent le moyen à la gendarmerie de charger plusieurs escadrons qui les reçurent fort bien; mais les régiments de *Royal-cuirassiers* et de *Tilladet*, qui les vinrent prendre en flanc, les mirent en désordre et les obligèrent de se retirer derrière un ruisseau (1); ce fut pour lors que la gendarmerie mit un désordre entier dans la gauche des ennemis qui prirent la fuite pendant que le maréchal de Luxembourg en faisait autant à leur droite.

Compagnies écossaise et anglaise. Il faut dire, à la gloire de ces deux compagnies, qu'elles chargèrent trois fois ensemble, et que l'anglaise fut encore à la charge pour la quatrième fois et se mêla avec les gardes du prince d'Orange, qui était à leur tête; on doit croire que

(1) Le ruisseau la *Peene*, becque qu'ils avaient traversée avant.

des charges si vigoureuses, et tant de fois réitérées, ne purent se faire sans une perte considérable, et sans qu'il y eut beaucoup de sang de répandu.

Henri Bonneau, seigneur de Tracy. — Louis XIV le détacha, avec huit bataillons, du siège de Cambrai, pour aller rejoindre Monsieur, qui marchait au-devant du prince d'Orange. Il devait séjourner à Béthune, mais ayant eu avis que S. A. R. était à la veille de livrer bataille, il partit en diligence de cette ville, avec toute son infanterie, arriva à l'armée qui était déjà en présence des ennemis. Il commanda la brigade des gardes françaises et se signala beaucoup dans ce grand jour de mont-Cassel.

Le secours du seigneur de Tracy arriva très-à-propos à *Monsieur*. Les armées étant en présence l'une de l'autre, et la sienne étant beaucoup inférieure à celle des Hollandais. Le lendemain, à peine le jour parut-il, qu'on trouva les ennemis fort étendus sur la droite : comme leur dessein ne pouvait être que de gagner le chemin de l'abbaye de Piennes, la gauche, où était le duc de Luxembourg, eut ordre de s'ouvrir (1).

Il était deux heures après-midi, que le combat n'était pas encore engagé, ni à la droite, ni au centre, où se trouvaient postés les *gardes françaises* commandées par M. de Creil; M. de Tracy ayant été chargé de faire les fonctions de major-général. Monsieur donna enfin l'ordre, au centre, de s'ébranler : les bataillons des gardes pas-

(1) Voir l'engagement de ce maréchal, la veille, et ses attaques du 11 au matin, à la page 19 et suivantes.

sèrent dans l'instant un ruisseau (la Lyncke), qui était devant eux, et trouvèrent un régiment de la marine au service de la Hollande. Ils battirent d'abord cette infanterie, mais ils furent eux-mêmes mis en désordre par la cavalerie des ennemis. M. de Creil les ayant ralliés, et Monsieur y étant accouru avec quelques secours, ils retournèrent au combat (I); repassèrent le ruisseau, l'épée à la main, tombèrent sur ce régiment de la marine, et le taillèrent en pièces. Cette action valeureuse contribua beaucoup au gain de la bataille, mais ce ne fut pas sans pertes sérieuses pour ces deux bataillons. M. de Moissac y fut aussi tué.

Après cette belle victoire les deux bataillons de gardes marchèrent au siège de St.-Omer, furent relever la garde à la tranchée, le même soir de leur arrivée, et prirent possession de la ville le 21 avril, dès qu'elle eut capitulé.

Nota. Plusieurs de ces extraits sont pris dans *l'Abrégé chronologique et historique du progrès et de l'état actuel de la maison du Roi*, par Simon l'Amoral le pippre de Neufville, à Liége, 1734 (II). L'auteur ne termina pas ce travail, de sorte qu'il n'y est pas question de beaucoup de régiments présents à la bataille de mont-Cassel et, entre autres, du Royal-Lyonnais, des dragons de Listenay, etc., qui furent aussi à cet engagement général, et à celui qui le précéda, près l'abbaye de Peene. de

(I) Lettres de M. de Pélisson, tome 3, page 239, et mémoires manuscrits.

(II) Bibliothèque communale de Lille, D. M. 31, trois volumes in-4.°. N.° 2098.

Neuville dit bien : *Je parlerai de ce qui se passa près de l'abbaye*, mais, ce qu'il promettait sur cette question n'a pas paru dans son ouvrage dont tous les détails sont fort intéressants.

Officiers français qui témoignèrent beaucoup de valeur dans cette action de Cassel (1).

Le *maréchal de Luxembourg*. Il contribua en grande partie à décider la victoire de mont-Cassel, par ses bons ordres et la vigueur avec laquelle il mena ses troupes au combat. Voir *aux pièces justificatives*.

Le *maréchal de Humières,* voir *aux pièces justificatives*, etc.

Louis de Melun, *marquis de Maupertuis*. Il ne combattit pas seulement à la tête de sa compagnie de mousquetaires, pied à terre, botté et l'épée à la main, deux bataillons hollandais qui furent défaits, mais encore, étant remonté à cheval, il chargea une seconde fois les ennemis avec une valeur peu ordinaire.

Charles Fortin, marquis de la Hoguette; fait depuis peu mestre de camp. Il donna à la bataille de 1677 des preuves de grande intrépidité, comme ses mousquetaires de la 1.re compagnie; il contribua à chasser

(1) *Sic*, dans cette liste imprimée.

l'ennemi d'un enclos, et combattit comme eux en essuyant, dans la petite plaine, le feu de l'infanterie ennemie.

Scipion de Henche, seigneur de Moissac. Cornette de la 1.re compagnie des mousquetaires, il combattit en faisant des prodiges de valeur; il fut tué en remontant à cheval, après avoir taillé en pièces les ennemis derrière les haies.

Henri de Hautfaye, marquis de Janvelle, maréchal-de-camp de la 2.e compagnie des mousquetaires, combattit avec la même valeur, comme au siège de Valenciennes.

Jean de Vins, marquis de Savigny. Brigadier d'armée de la 2.e compagnie des mousquetaires, animé de courage, il combattit avec une ardeur étonnante dans toutes les charges que fit sa compagnie.

Pierre-François Lelièvre, marquis de La Grange, guidon de la gendarmerie écossaise. Quoiqu'il eut le bras cassé à la première charge et qu'il fut hors d'état de combattre, il rallia cependant la compagnie, et fit tête aux ennemis avec une constance et une valeur inexprimables. Il perdit enfin la vie, mais ce fut après l'avoir vendue chèrement et avoir reçu trois autres coups.

André Bon de Broé, seigneur de Laguette, guidon du régiment écossais, se surpassa à la tête de sa compagnie où il reçut plusieurs blessures. Il fut fait prisonnier après avoir eu son cheval tué sous lui : il fut échangé.

Milles Gourdon, frère du duc de ce nom, fit des merveilles à la bataille de mont-Cassel, ayant mené jusqu'à quatre fois son escadron écossais à la charge comme guidon. Il n'en revint qu'après avoir été blessé.

Claude-François d'Anglure, de Savigny, sous-lieutenant d'une compagnie de gendarmes anglais. Se distingua par ses belles charges, en ralliant et retournant aux ennemis avec une intrépidité sans égale. Il mourut après plusieurs blessures, et ayant le bras cassé.

Bernardin Cadot, marquis de Sebeville, capitaine des chevaux-légers de la Reine. Fit plusieurs charges valeureuses et fut couvert de glorieuses blessures.

Augustin Gouffier, comte de Rozamel, capitaine-lieutenant de la compagnie des chevaux légers d'Anjou, se distingua de même.

Pierre de Montesquion, comte d'Artagnan, après avoir été présent aux sièges de Tournay, Douai, Lille, etc., comme lieutenant aux guides des gardes françaises, montra à mont-Cassel une valeur étonnante.

Fontanges, comte de Monmont, major-général du régiment des gardes françaises, acquit beaucoup de gloire, dans cet emploi, à la bataille de Cassel.

Henri Bonneau, seigneur de Tracy. — Voir *aux pièces justificatives*.

François de Creil, capitaine aux gardes françaises, passa à la tête de son bataillon le ruisseau; les ennemis fondirent sur lui en grand nombre. Il rallia les siens, il chargea les ennemis, à son tour, si vigoureusement et les mit en si grande confusion, qu'ils ne purent plus se rallier.

Henri Chaumey, marquis de Foûrville, se signala aussi à la bataille de mont-Cassel, où il fut encore blessé; le Roi le gratifia de la compagnie de M. de Boissiere, tué à ce combat.

Il serait trop long de citer d'autres braves français, en si grand nombre; qu'il nous suffise de donner encore quelques noms d'officiers principaux d'autres régiments français :

Le comte du Plessis, *lieutenant-général,* le chevalier de Lorraine, le prince de Soubise, le comte de *La Motte-Houdancourt* (1), le marquis d'Albret-Miossens, le chevalier de Sourdis et la Cordonnière, *maréchaux-de-camp;* de Montrevel, de Grignan, de Greder, de Gournay, d'Aubarede, de Bulonde, *brigadiers;* de Tilladet-Fimarçon, de Locmaria, de Saint-Germain, de Saint-Sandoux, de Forbin, de Janvelle, *commandants de mousquetaires;* Mis d'Effiat, de Nantouillet, de Konismarck et de Freselière, qui *commandait l'artillerie.*

Nous aurions encore beaucoup de personnes de qualité à citer, comme s'étant distinguées dans le combat dont il s'agit, d'après des auteurs recommandables. Ainsi, par exemple, celles qui s'étaient rendues comme volontaires, tous gentilshommes de la Flandre française, comme le prince d'Ysenghien, le frère du comte de Solre, le Mis de Thury, d'Aranantum, La Vallerie, etc., etc.

---

(1) Le même commandant, maréchal-de-camp, fut grièvement blessé au siège de St.-Omer, quelques jours plus tard.

Liste approximative des morts, blessés et prisonniers des principaux français, à la bataille de Cassel, classés par ordre de régiments.

Compagnies des Mousquetaires. Le sieur de Moissac (scipion de Lenche), cornette, tué avec vingt-cinq à trente autres. Le comte de Luc, blessé, et dix autres blessés.

Régiment des Gendarmes écossais. Le marquis de La Grange, guidon, tué. Le marquis de Livourne, blessé. Le comte de Carse, blessé et pris. MM. Dulivry et de Pas, quartiers-maîtres, blessés. Du Passage, maréchal-de-logis, blessé, ainsi que les chevaliers Brouay, Laguette et de Crollis avec vingt-cinq autres (1).

Régiment des Gendarmes anglais. Le comte de Carcés et Macker, guidon, tués. M. Rirdam, 2.e quartier-maître, tué. Chevalier d'Estoges, sous-lieutenant, blessé. Le chevalier Corolly, enseigne, blessé. Obrien, maréchal-de-logis, blessé. Le capitaine-lieutenant chevalier de La

(1) Les subalternes de chaque régiment sont à proportion.

Gûille, blessé et pris. Le sous-lieutenant d'Estoge, blessé. De Croisy, blessé. Le quartier-maître, M. Obriam, blessé avec trente-six autres, tués ou blessés.

Régiment Gendarmerie de Bourgogne. M. Cordes, quartier-maître, tué. Le marquis de Monignon, sous-lieutenant, blessé. Un brigadier, blessé.

Régiment Conty. Les capitaines de Fressinet, Marneil et Sainte-Sève, blessés. Deux lieutenants et quatre sous-lieutenants aussi blessés.

Régiment de Bourgogne. Les capitaines Mardolières et de Villars, tués. Deux lieutenants tués. Cinq capitaines blessés, dont MM. des Tailleurs, Ste.-Cloy, Beauregard et Thomassin. Deux lieutenants blessés.

Régiment de la Reine. Le capitaine Sebastier, tué. Cinq autres capitaines blessés (1). Le lieutenant-colonel Desfarges, blessé. Un lieutenant tué et six blessés. Un sous-lieutenant tué et deux blessés.

Régiment de la Marine dit *les Vaisseaux.* Le major Laurier, blessé. Cinq capitaines blessés qui sont : La Tournelle, La Boissière, Arbouville, La Mare et Renoir; Puis trois lieutenants et cinq sous-lieutenants.

Régiment le Lionnois. Deux lieutenants tués. Le lieutenant-colonel Lestoile, blessé. Huit capitaines blessés : MM. Sercave, Dapinat, Bellegarde, Montbrisson, Linteuil, Montagny, d'Ernomville et Bonny. Quatre sous-lieutenants blessés.

Régiment de Humières. Le lieutenant-colonel Créan,

(1) Qui sont : MM. Grimperé, Valcroisseau, Duval, Montgrain et Bonnet.

tué. Le major blessé. Neuf capitaines blessés qui sont : MM. Coderé, Francallière, Moncoban, des Fontaines, l'Hospital, La Normandie, La Seine, Milon et Gossé.

Régiment de Mayne. Le major Sigoville, tué. Le capitaine Gozon tué. Deux lieutenants tués. Les capitaines Delahaye, de La Mothe et Duteil, blessés. Quatre lieutenants et deux sous-lieutenants, blessés.

Régiment d'Anjou. Le lieutenant-colonel Melonnière, tué. Le major Du Chalas, tué. Les capitaines Lantillac et Mechatin, tués. Quatre lieutenants tués. Neuf capitaines blessés, douze lieutenants blessés, etc.

Régiment de la Couronne. Le colonel de Betancourt-Genlis, blessé. Deux capitaines blessés : le marquis d'Aze et Servy. Deux lieutenants tués et sept blessés.

Régiment Genevois-Piemontois. Le capitaine Brisset, tué. Cinq capitaines blessés qui sont : MM. Duclos, Sainte-Luce, Choisil, Matoüet et S. Seriés. Deux lieutenants blessés et autres.

Régiment Royal italien. Le lieutenant-colonel Villars, tué. Un lieutenant tué. Le comte Serravalle de Sesia, le marquis Orsucci et Rossa, capitaines, blessés avec cinq subalternes. Quatre lieutenants blessés.

Régiment de Phiffer. Trois capitaines tués. Trois blessés : MM. Borgelli, Margdossi et Aëti. Un lieutenant tué et deux blessés.

Régiment de Greeder. Le major Zegber, blessé ainsi que les capitaines Fabri, Courtent, Burent et Watteville. Un lieutenant blessé.

Régiment de Stoupp. Un capitaine blessé : M. Benselle.

Un lieutenant tué et un blessé, avec trois autres subalternes.

Régiment de Flandres. Deux maréchaux-de-logis et deux brigadiers blessés.

Régiment des Gendarmes de la Reine. Un maréchal-de-logis tué.

Régiment Chevaux légers de la Reine. Le marquis de Sepuille, blessé. Un capitaine, un lieutenant et un brigadier blessés.

Régiment Chevaux légers Dauphins. Mis de Villarceaux, sous-lieutenant, blessé. Le maréchal-de-logis et douze autres blessés.

Régiment des Dragons-Dauphins. Lestoille, maréchal-de-logis, tué.

Régiment des Gens-d'armes d'Anjou. Le colonel-général blessé. de Lanniron, sous-lieutenant, blessé, avec les capitaines de Lussan et Blot, le maréchal-de-logis-général, et de Ferrières, cornette.

Régiment Gens d'armes de Monsieur. Le chevalier de Bauvaux, lieutenant-capitaine, tué. Douze gens d'armes tués.

Régiment Chevaux légers. Capitaine Blat, blessé. Le chevalier de Sussan, aussi capitaine, bras emporté. Trois cornettes blessés.

Régiment des Cuirassiers. Trois capitaines tués. Deux cornettes et un lieutenant tués. Le capitaine Mousses, blessé. Deux cornettes blessés. Deux lieutenants blessés.

Régiment Sourdis. Le capitaine Lacaille, blessé. Un lieutenant et un cornette blessés.

Régiment des Dragons. Le colonel-général Paynac, blessé. Sept capitaines blessés, dont : MM. Duchemin, Grandval et le chevalier de Cussan.

Régiment des Gardes à pied. Le capitaine Laboissière, tué. Le lieutenant Jully, tué, et Claude de Savigny, mort de ses blessures ; le marquis de Refuge, blessé et prisonnier ; les capitaines Malissy et des Alleures, blessés. Les lieutenants de Lage, de Varennes et de Fourilles, blessés, avec les sous-lieutenants de Jolly et de Beaumont. Le cornette-enseigne de Nonant, blessé. Deux officiers faits prisonniers.

Régiment de Navarre. Les capitaines Lurcy, Boistiroux, Castillon, le Harlier, Denat et Ristot, blessés. Quatre lieutenants tués et six blessés. Deux sous-lieutenants tués et trois blessés.

Régiment Royal. Le lieutenant-colonel Villechauve et les capitaines de Bisieux et de Ville-Sablon, blessés. Un lieutenant et un sous-lieutenant tués, et quatre blessés.

Régiment Tailladet. Le marquis de Villaserre et Benese, capitaines, tués. L'aide-major Catin, et le chevalier de Narbonne, capitaine, blessés.

Régiment Wallon. M. Piquemont, capitaine, tué.

Enfin le chevalier de Silly, gentilhomme de S. A. R., et le capitaine Villa-Cerf, etc., tués (1).

---

(1) La liste de la plupart des officiers faits prisonniers a été négligée.

Troupes hollandaises qui se distinguèrent et firent le plus leur devoir sous Mont-Cassel.

Cavalerie. Les régiments des Gardes du corps et dragons de S. A. le prince d'Orange.

Ceux de Valdeck, Brederode, Ginckel, Kronembourg, Aremberg et Greames écossois.

Infanterie. Les régiments des gardes à pied de S. A. Ceux du prince Maurice, du duc d'Holsteyn, du prince de Brandenbourg, de Curlande, Ringrave, Waldeck, Horne, Ginckel, Van Eppe, de La Vergnie, Kirchpatrick, Uyttenhove, Valkenburg, Toursay, Lippe, Klooster, Grim, Slangenburg, et les trois régiments de Zeelande (1).

---

(1) Voir aussi le ***Mercure Hollandais*** ou ***Hollantse mercurius,*** rare petite brochure in-12, imprimée à Amsterdam. Celle de 1678 est à la bibliothèque de Bruxelles, sous le N.o 28,562 de la *Bibliotheca hultenniana.*

Cette brochure almanach renferme d'autres détails curieux sur la bataille de 1677.

Relevé approximatif des principaux morts, blessés et prisonniers, des troupes du prince d'Orange, à cette bataille.

Lyste der dooden en gequetsten in de bataillie van Mont-Cassel. (Liste officielle des hollandais).

Gardes du Corps.

Cornet Heer Van Ryswyck, *gequetst* (1).

Een gereformeert officier, *doot.*

7 Ruyters, *doot.*

12 Ruyters, *gequetst.*

Onder't Régiment Dragonders van syn Hoogheyt.

Capiteyn Walestein, *doot.*

't Régiment van de Graef van Waldeck te paert.

Lieutenant Hartman, *gevangen en gequetst.*

---

(1) Les mots soulignés signifient : ***Doot***: tué ou mort. ***Gequetst*** : blessé. ***Gevanghen :*** pris ou fait prisonnier. Le mot ***vendrigh*** veut dire : port'enseigne (vaen-dragher).

Onder't Régiment van de Graef van Brederode.

Majoor Ittersum, *doot.*

Lieutenant Ryperband, *doot.*

Ritmeester Schimmelpenningh, *doot.*

Onder de Garde te voot (Garde à pied).

Lieutenant-collonel Crooneman, *gequetst.*

Majoor Sibert, *gequetst.*

Capiteyn Laer, *gequetst en gevangen.*

Capiteyn Wagenaer, *doot.*

Capiteyn Beaumont, *doot.*

Capiteyn Sparr, *gequetst.*

Capiteyn Schimmelpenningh, *gequetst.*

Capiteyn Bonema, *gequetst.*

Capiteyn Flutt, *gequetst.*

Capiteyn Hessen, *gequetst.*

Lieutenant St.-Ange, *gequetst.*

Lieutenant Turck, *gequetst.*

Lieutenant Jacot, *gequetst.*

Lieutenant Anderisen, vermist en *gequetst.*

Lieutenant Jeger, *gequetst.*

Lieutenant Rogenot, *doot.*

Lieutenant Swepken, *doot.*

Vendrigh Bretoris, *doot.*

Vendrigh Coljers, *gequetst.*

Vendrigh van Bonema, *gequetst.*

Vendrigh Schimmelpenning, *gequetst.*

Vendrigh Roos, *gequetst.*

Adjutant Tilly, *gequetst.*

Adjutant Beeckman, *doot.*

Régiments Dominé Egidius van Coenendael, *gequetst.*

Onder Prins Maurits. (Prince Maurice).

Lieutenant-collonel La Noy, *gevangen.*

Major Harsolte, *gevangen.*

Capiteyn Vrienes, *doot of gevangen.*

Capiteyn Brenner, *gequetst.*

Capiteyn Van den Bergh, *doot.*

Onder den Hertog van Holsteyn.

Lieutenant-collonel Salis, *gequetst en gevangen.*

Majoor Wiecker, *gequetst en gevangen.*

Lieutenant en vendrigh van capiteyn Schuylenburg, *doot.*

Lieutenant en vendrigh van capiteyn Lunenburg, *doot.*

Lieutenant en verdrigh van capiteyn Schafhuysen, *gequetst.*

Lieutenant en vendrigh van capiteyn Blaeuw, *doot* of *gevangen.*

Vendrigh van capiteyn Wieker, *gequetst.*

Vendrigh van capiteyn Quierheim, *doot.*

Lugtenant van capiteyn Sige, *gevangen.*

Vendrigh van capiteyn Sige, *gevangen* of *doot.*

Vendrigh van capiteyn Winderholt, *gevangen.*

Onder Graef W. Van Hoorn.

Lieutenant-collonel de Heyde, *gevangen.*

Capiteyn Nothe, *vermist.*

Capiteyn Rothe, *gevangen.*

Capiteyn Ingelbey, *gequetst.*

Capiteyn Lochem, *doot.*

Vendrigh Hoppenbrouwer, *gequetst.*

Onder't Régiment van de Heer van Ginckel.

Majoor Schaep, *gequetst en gevangen.*

Grave van Warfusee, *gequetst.*

Onder't Régiment van Eppe.

Majoor Brunenhuyse, *gequetst.*

Onder't Régiment van La Vergnie.

Collonel La Vergnie, *gequetst.*

Lieutenant-collonel Hoffrel, *gevangen.*

Capiteyn Bock, *doot.*

Capiteyn Mallet, *gequetst en gevangen.*

Capiteyn Morgensterre, *gevangen.*

Capiteyn Deele, *gevangen.*

Capiteyn Emmerick, *gevangen.*

Onder't Régiment van Kirchpatrick.

Lieutenant-collonel Everwyn, *doot.*

Majoor Lader, *gequetst en gevangen.*

Capiteyn Blom, *doot.*

Capiteyn Pyl, *doot.*

Capiteyn Cassel, *gequetst.*

Capiteyn Mergnault, *doot.*

Onder't Régiment van Uyttenhove.

Collonel, *gevangen.*

Capiteyn Withoften, *gevangen of doot.*

Capiteyn Lievendael, *gevangen*.
Capiteyn Kaesteeker, *gevangen*.

Onder't Régiment van Walkenburg.

Lieutenant-collonel Heer van Valkenburg, *gevangen*.
Majoor Ruytenburgh, *gequetst*.
Capiteyn Groelart, *gequetst*.
Capiteyn Philips van der Goes, *gequetst en gevangen*.
Capiteyn Junius van der Goes, *gequetst en gevangen*.
Capiteyn Droost, *doot*.

Onder't Régiment van Toursay.

Capiteyn Backer, *doot*.
Capiteyn Moussel, *doodelyck gequetst*.
Capiteyn Jesse, *doot*.

Onder't Régiment van de Graef vander Lippe.

Collonel graef vander Lippe, *gequetst en gevangen*.
Majoor Steyn, *doot of gevangen*.

Onder't Régiment van de Prins van Bradenbourg.

Lieutenant-collonel Poedewels, *gequetst en gevangen*.
Capiteyn Slieben, *doot*.
Capiteyn Lesquam, *doot*.
Capiteyn Elsenits, *doot*.
Lieutenant Packmoor, *doot*.
Lieutenant Fridman, *doot*.
Lieutenant Tael, *doot*.
Lieutenant Teufel, *doot*.
Lieutenant Poldewils, *doot*.

Lieutenant Goudecker, *gequetst.*

Vendrigh Reder, *doot.*

Vendrigh Mesbagh, *gequetst.*

Vendrigh Van Elsen, *gequetst.*

Vendrigh Wighman, *gequetst.*

Onder't Régiment van de Prins Berckevelt.

Capiteyn Dupois, *gevangen.*

Capiteyn Bierman, *gequetst.*

Lieutenant van capiteyn Oldekop, *doot.*

Noch een lieutenant, *doot.*

Lieutenant Lusamet, *gequetst.*

Vendrigh Remouts, *doot.*

Onder de Graef van Waldeck.

Capiteyn Schroojestien, *doot.*

Onder de Grave van Flodorp.

De baron van Lotthem, *doot.*

Onder het Régiment van Clooster.

Majoor Itersum, *doot.*

Onder't Régiment van Grim.

Collonel Grim, *doot.*

Capiteyn Brus, *doot.*

Capiteyn-lieutenant Voet, *vermist.*

Lieutenant Cloutier, *gequetst.*

Lieutenant Witterhorst, *doot.*

Vendrigh Kinneghem, *doot.*

Den Regiment's adjutant, *doot.*

Onder't Régiment van de Heer Van Hofwegen.

Capiteyn Molckman, *gevangen.*

Capiteyn Balfort, *vermist of gevangen.*

Capiteyn Hogendorp, *dodelyck gequetst en vermist.*

Vendrigh Bastinius, *gequetst.*

Onder't Régiment van Zobell.

Collonel, *gevangen.*

Capiteyn Kien, *doot.*

Capiteyn Koene, *doot.*

Onder't Régiment van de Heer Van Albranstu.

Majoor Balfort, *doot of gevangen.*

Onder't Régiment van de Heer Van Slangenburg.

Capiteyn Ploos, *gequetst.*

Capiteyn Ruys; *doot.*

Onder't Régiment van Touars.

Capiteyn Laserra, *doot.*

Capiteyn Balfort, *swaer gequetst en gevangen.*

Capiteyn Loauboujere, *vermist.*

Capiteyn Pyl, *gequetst.*

En verscheyde subalterne.

Onder't Régiment van de jonge Ryngraef.

Majoor Heukelem, *gevangen en gerantsoeneert.*

Capiteyn Droost, *gequetst en gevangen.*

Capiteyn Wilegas, *doot.*

Onder de teeusche Régimenten, die bekent zyn.

Collonel Margnault, *gequetst.*

Majoor Lion, *doot.*

Capiteyn Marnault, *doot.*

Commandeur Duyvelaer, *gequetst.*

Capiteyn Veth, *gequetst.*

Capiteyn Ockerse, *doot.*

Colonel Hoornberg, *doot.*

Capiteyn Polman, *gequetst.*

Lieuténant de Raet, *gevangen.*

Colonel Truxes, *gevangen of doot.*

Lieutenant Brulon, *doot.*

Capiteyn Uyttet, *doot.*

En ajoutant à cette liste d'officiers, les soldats subalternes, des deux côtés, qui sont au nombre de près de 7,000, tant tués sur le champ de bataille de Peene, que morts peu après, il sera permis de dire ici, avec M. J.-B. Deletombe, dans son poëme sur Bouvines :

« Et quand, après longtemps, le pieux laboureur
» Remûra de son soc ce théâtre d'horreur,
» Ne tremblera-t-il pas, plein de terreurs secrètes,
» De retourner des os, de briser des squelettes,
» Et de voir, sous ses pieds, sous ceux de ses chevaux,
» S'effrondrer le terrain et s'ouvrir des tombeaux?....

Oui! il fallait un monument de souvenir, une tombe consacrée, pour les cendres éparses de tant de braves, tous victimes d'un noble devoir. C'est un abri que nous avons voulu sur la dépouille de ceux qui sont morts en combattant pour leur patrie; il y aura donc là un acte de la terre et un sourire du Ciel, selon la belle pensée de notre ami M. l'abbé Adolphe Bloëme.

« Là, toute inimitié s'efface sous la pierre,
» Le dernier souffle éteint la haine dans les cœurs,
» Tout rentre dans la paix de la maison dernière,
» Et le temps, des vaincus y mêle la poussière
» A la poussière des vainqueurs! »

A. DE LAMARTINE.

ANECDOTES.

INSCRIPTIONS VERSIFIÉES.

EXPLICATION DES MÉDAILLES ET PLANCHES.

Quelques anecdotes ayant trait à ce sujet.

Monsieur envoya le marquis d'Effiat, son premier écuyer, porter au roi, devant Cambrai, les glorieuses nouvelles de cette victoire. Sa Majesté donna à ce seigneur un diamant de deux mille pistoles, et envoya à *Monsieur* M. de Gesvres, premier gentilhomme de sa chambre, pour lui en témoigner sa joie, par lettres, et l'en complimenter.

La nouvelle de cette victoire ayant été publiée dans le camp du roi, on la solennisa par trois salves réitérées de tout le canon et de toute la mousqueterie.

M. Merille, premier varlet de chambre de Monsieur, vint porter cette agréable nouvelle à madame la duchesse son épouse, le soir du 12. Le lendemain, Monsieur le dauphin et tous les princes et seigneurs de la cour vinrent au château de St.-Germain pour se réjouir avec cette princesse, de l'heureux succès des armes du roi sous la conduite de Monsieur. — Les ambassadeurs en firent autant.

L'histoire du temps relate les fêtes publiques et réjouissances qui eurent lieu à Paris, à Versailles et autres villes principales de France, à la suite de cette victoire de 1677 et des autres événements heureux de ce mois d'avril. A la première nouvelle de Cassel, on alluma des feux de joie devant le palais royal, et par tout Paris.

Louis XIV, répondant aux félicitations du prince de Condé sur cette victoire, lui écrivit le 15 avril : « Mon cousin, c'est avec justice que vous me félicitez de la bataille de Cassel. Si je l'avois gagnée en personne, je n'en serois pas plus touché, soit pour la grandeur de l'action, ou pour l'importance de la conjoncture, surtout pour l'honneur de mon frère; au reste, je ne suis pas surpris de la joie que vous avez eue en cette occasion; il est assez naturel que vous sentiez, à votre tour, ce que vous avez fait sentir aux autres par de semblables succès (1). »

Ce fut au retour de ces expéditions que le roi dit à *Racine* et à *Despréaux*, chargés d'écrire son histoire : *Je suis faché que vous ne soyez pas venus à cette*

(1) OEuvres de Louis XIV, t. IV, p. 117, dans Louvois.

dernière campagne, vous auriez vu la guerre, et votre voyage n'eut pas été long.

Racine lui répondit : *Votre Majesté ne nous a pas donné le temps de faire faire nos habits.* (Président de Henault).

Boileau, dans son épitre à M. de Lamoignon, dit à ce sujet :

« Un bruit court que le roi va tout réduire en poudre,
» Et dans Valenciennes est entré comme un foudre (I);
» Que Cambrai, des Français l'épouvantable écueil,
» A vu tomber, enfin, ses murs et son orgueil;
» Que devant Saint-Omer, Nassau par sa défaite,
» De Philippe vainqueur (II) rend la gloire complète. »

Il était impossible que cette bataille, gagnée par Monsieur, sur le prince d'Orange, ne ramena pas dans l'esprit de Louis XIV le souvenir pénible de l'occasion qu'il avait manquée l'année précédente. Quoiqu'il en soit, Monsieur ne commanda jamais plus d'armée. (Histoire de Louvois).

On a dit que le roi fut jaloux de la valeur que Monsieur, échappant à ses lisières, avait montrée dans

---

(I) Cette expression, selon d'Alembert, est à la fois faible et enflée. (Note XIV sur l'éloge de Despréaux).

(II) Par la bataille près Cassel.

Brossette prétend que Boileau-Despréaux se vantoit d'avoir su prendre, pour célébrer les exploits de Philippe de France, un ton moins élevé que celui avec lequel il venoit d'exalter le foudroyant Louis XIV. Le public, dit d'Alembert, même note, n'observa pas la même nuance dans l'expression de sa joie.

cette action, et que ce fut la cause pour laquelle il ne lui donna plus, depuis, aucun commandement. (Dictionnaire encyclopédique par Lebas) (I).

On prétend qu'une faute du prince d'Orange et un mouvement habile de Luxembourg décidèrent du gain de la bataille; cependant Monsieur chargea avec une valeur et une présence d'esprit qu'on n'attendait pas de ce prince. Jamais on ne vit plus grand exemple, que le courage n'est pas incompatible avec certaine mollesse. Ce prince qui n'avait pas des habitudes guerrières, agit en capitaine et en soldat. Le roi son frère parut jaloux de sa gloire. Quelques serviteurs de Monsieur, plus pénétrans que les autres, lui prédirent alors qu'il ne commanderait plus d'armées et ils ne se trompèrent pas. (Voltaire, vol. XX, page 382).

Anquetil, dans son histoire de France, dit :

« Monsieur donna dans cette occasion des preuves de
» grand courage et de présence d'esprit qui contrastaient
» avec les habitudes de mollesse qu'on lui avait
» données, etc. »

Après le siége de la ville et de la citadelle de Cambrai, le roi retourna glorieusement vers Paris, non sans mal au cœur de ce que *Monsieur* avait pardessus lui une bataille gagnée (II). On remarqua qu'après la prise

---

(I) On sait que le prince de Condé fut dans le même cas.

(II) Mémoires et réflexions sur les principaux événemens

de Cambrai, étant venu voir Saint-Omer, et *Monsieur* qui y étoit, il fut fort peu question de la *bataille de Cassel* dans leur conversation ; Louis XIV n'eut pas la curiosité d'aller voir le lieu du combat, quoiqu'il se trouva tout auprès. On remarqua aussi qu'il ne fut pas trop content de ce que les peuples, sur son chemin, crioient : *Vive le Roi et Monsieur qui a gagné la bataille;* aussi a-ce été la première et la dernière de ce prince.

Dans les *Mémoires de la société impériale des Antiquaires de la Morinie*, tome XI, 1861-1864, a été imprimé le savant ouvrage de M. H. de Laplane, intitulé L'ABBAYE DE CLAIRMARAIS. *(Ancien monastère de Citeaux, sous Clairvaux, à Saint-Omer)*. Dans ce livre il est fait mention du fait d'armes du val de Cassel de 1677. Nous en transcrivons les deux pages 207 et 208, en remerciant M. de Laplane, secrétaire-général et inspecteur, de son obligeante communication à nous faite immédiatement après la publication de ses dernières recherches. Voici cet article intéressant.

Nous trouvons également dans la liste des chapelains des Dames de Woestine, le moine D. JOSEPH MAILLART, de Lille, nommé en 1673; ce fut le dernier qui exerça ces fonctions sous la domination espagnole et le premier sous le règne de la France.

Homme instruit, fin, délié, plein de tact, et con-

---

du règne de Louis XIV. Amsterdam, 1734, par M. L. M. D., L. F. (Marquis de Lafarre).

naissant parfaitement les lieux, D. Joseph a joué dans l'histoire un rôle peu connu qui mérite d'être signalé.

Il était à son poste, renfermé dans les étroites et sombres murailles de sa résidence de ***Sainte-Marie du Désert,*** à Woestine, au moment de la bataille de Cassel (1677). En homme clairvoyant, il devait redouter les inévitables résultats d'une invasion étrangère; les nombreux bataillons de l'armée française, campée à sa porte, environnaient le couvent de toutes parts. La première pensée du chapelain fut de s'assurer, pour lui et pour sa communauté, les bonnes grâces du prince qui commandait, il sut y parvenir; non seulement le général français et sa suite reçurent au monastère l'hospitalité la plus gracieuse, la plus empressée; mais Don Maillart ne se borna pas là; doué de connaissances spéciales, il put y ajouter encore, dit-on, de précieux enseignements topographiques ou stratégiques qu'il sut donner à propos et qui ne furent, peut-être, pas sans influence sur le gain de la bataille. S'il faut en croire la tradition, quelques toiles contemporaines montraient Dom Joseph en costume religieux, monté sur un cheval blanc, accompagnant le prince dans la revue de ses armées, lui désignant du doigt les positions ennemies et distribuant partout les secours de la religion; il fit tant, en un mot, il se montra si habile, si dévoué, si charitable, il fut si utile aux intérêts moraux ou matériels des soldats de la France que Son Altesse le duc d'Orléans conserva toujours de lui un excellent souvenir.... A la première vacance abbatiale, en 1688, la faveur royale éleva *Dom Joseph Maillart* à la prélature de Clairmarais; il devint le 51.e abbé de cette maison qu'il dirigea avec distinction pendant 29 ans et où il mourut en 1717.

Peu après la bataille de Cassel, et alors que la ville de Saint-Omer redevenait irrévocablement française, l'Abbesse de Woestine, *M. Françoise d'Affringues*, faisait relever, tout exprès, la grande porte de son monastère pour placer sur un nouveau fronton l'écu aux armes du prince victorieux. Ce glorieux emblême reposant, en forme de trophée, sur des gerbes de boulets de canon ramassés sur la terre sanglante, était accompagné de cette inscription chronographique, échappée de la main prévoyante et exercée du spirituel chapelain :

UnDeCIMa aprILIS fVgIVnt prostratI bataVI
a fratre regIs.
MDCLVVVVIIIIIII.

Inscriptions latines et traductions.

Dans la galerie historique des conquêtes de Louis XIV, par le baron de Vuoerden (1), on trouve des inscriptions en vers latins sur les faits regardant la bataille au *val de Cassel* de 1677, et la prise de Saint-Omer, dix jours après cette victoire du duc d'Orléans. Nous les reproduisons ici, en faisant toutefois observer que l'inscription pour Cassel n'est pas mentionnée dans les mémoires de la société d'émulation cambresienne, pour 1833, où notre savant et très-regretté ami, M. Leglay, les a fait insérer; quant à l'autre, concernant Saint-Omer, elle a eu les honneurs d'une traduction versifiée par *Jean de*

(1) Messire Michel-Ange baron de *Vuoerden*, chevalier et conseiller d'honneur de la cour et parlement de Tournay, grand bailli des états de Lille, célébroit tous les événements mémorables du règne de Louis XIV, par des inscriptions latines.

Il correspondoit avec Fénelon, l'archevêque de Cambrai si illustre, ce qui *rehausse son mérite.*

La Fontaine, le fabuliste, en 1694, l'année avant sa mort. Quoique faites par le bon La Fontaine (que Du Fresnoy, premier secrétaire du marquis de Louvois, traitait alors de *bon homme*, de *pauvre bonhomme)*, M. le D.r Leglay les avoue assez médiocres, louangeuses et, en un mot, un ouvrage de commande.

Le B.on *de Vuorden*, dans son Épistre dédicatoire au Roi, de son journal historique (1), s'exprime ainsi, après avoir énuméré les victoires de Louis XIV :

« *La bataille décisive de Cassel*, 1677, où toutes » les forces de la République d'Hollande furent mises » en déroute, et où la valeur de vos Français força le » sort de se déclarer pour *Votre Majesté*, qui remporta » la plus complette victoire de nos jours, sous le com- » mandement d'un prince animé par vostre sang, plein » de vostre esprit, et secondé de vostre fortune. »

---

(1) ***Journal historique sacré et profane pour l'histoire de Louis-le-Grand.*** — Bibliothèque de Lille, N-B, 2 vol., imprimé à Lille, en 1684. Voir tome I, pages 310 et 311.

Obs. Il y a de Michell-Angelus baro de Vuorden, à la bibliothèque publique de Lille, un manuscrit des campagnes de Louis XIV, de 1653 à 1659, in-folio.

Inscription pour la bataille au val de Cassel.

Le baron de Vuorden dit : J'ai eu l'honneur de présenter au prince victorieux cette inscription, pour marquer la gloire qu'il avait remportée dans cette bataille :

Bella belgica, fasti galici, gesta Borbonica,
PHILIPPI DUCIS AURELIANENSIS.
Pugnam ad casletum, decretoriam,
Æquo primum et cruento morte fluctuantem,
Plœnam dein cœso, capto, fugato hoste victoriam
Nulla non ætate
Immortali certe laude jactabunt.
Triumphum omni œvo celebrandum!
Intra hujus accerrimi certaminis eventum,
Galliæ decus, Gallo-Belgicæ salus,
Vindiciæ Hispanicæ ac Bataviæ,
Regnorum suspensio, Europæ expectatio stetere;
Hæc cûncta, LUDOVICI MAGNI
Frater unicus, imitator strenûûs,
Fraternis auspiciis, suo consilio, ductu, periculo,
Victo principe, GUILLELMO AURIACO
Propriis stimulis, avorum triumphis accenso
Deleto XXX millium plerumque
Veteranorum exercitu,
Capto post adoptam victoriam audomaro explicuit.

Traduction de l'Inscription pour la bataille de Cassel (1).

Guerre de Belgique, histoire de France, exploits des Bourbons, de PHILIPPE DUC D'ORLÉANS.

Bataille de Cassel, décisive,
Où la lutte, d'abord égale, devint sanglante.
La victoire fut complétée par le massacre,
La prise et la déroute de l'ennemi.
Dans tous les âges,
On proclamera la gloire immortelle de ce triomphe,
Digne d'être à jamais célébré.
A l'évenement de ce combat acharné,
Etoient attachés l'honneur de la France,
Le salut des Gallo-Belges,
L'humiliation des Espagnols et des Bataves.
Les trônes ont été ébranlés et l'Europe dans l'atttente.
Tous ces résultats furent obtenus
Par le frère unique de LOUIS-LE-GRAND,
Lequel, piqué d'émulation,
Par ses exemples de courage et ses conseils,
Commandant l'expédition au péril de ses jours,
Vainquit le prince GUILLAUME D'ORANGE.
Stimulé par sa propre nature,
Enflammé par les triomphes de ses ancêtres,
Il mit en déroute 30,000 hommes,
La plupart soldats-vétérans;
Et couronna sa victoire
Par la prise de Saint-Omer.

---

(1) Traduction faite par un excellent ami, M. le professeur X. Ravin, avocat.

Inscription pour la prise de Saint-Omer (1).

Obsidentium repulsa olim tumida,
Prædatrix Bononiensium et Caletum,
Audomaropolis,
Jussu et auspiciis Ludovici Magni,
Camaracensem obsidionem urgentis
A Philippo aurelianensium duce impetitur;
Illa jam citæ deditioni obnoxia,
Ab auriaco numeroso exercitu erecta est.
In acerrimo ad casletum certamine,
Magnis itineribus emensis, suppetiis urbis intenti
Cæsi, capti, fûsi, fugati Batavi,
Area, insignia, tormenta
Aurelianensi Cessere;
Iterata vi post victoriam oppugnata civitas
Duci bis triomphatori se permisit.

---

(1) Le baron de Vuorden, dans sa *Dédicace au Roi*, écrit ceci : *« Saint-Omer ouvrit ses portes après la perte que les alliéz firent de la bataille décisive de Cassel. »*

Même inscription traduite.

Traduction de Jean De La Fontaine.

Cambrai résistait encore;
Saint-Omer voit de ses tours
Le défenseur qu'il implore
Accourir à son secours.
On se bat; le sort chancelle;
Philippe enfin est vainqueur;
Louis laisse agir son zèle
Et sa conduite et son cœur.
Saint-Omer se rend ensuite (1);
Et par tant d'exploits divers
On crut la Flandre réduite,
Et l'Europe et l'univers.

---

(1) Le prince de Robecq, gouverneur de St.-Omer, sortit de la place avec 3,000 hommes de pied et 500 chevaux : — ce fut le 22 avril 1677.

Médailles frappées à l'occasion de la bataille de 1677.

Le souvenir de la victoire éclatante, près de Cassel, fut illustré particulièrement au moyen de médailles frappées en l'honneur de *Philippe de France*. Nous en possédons trois espèces en bronze, mais nous n'affirmons pas que ce soient là les seules. Beaucoup d'historiens les ont représentées dans leurs écrits assez contemporains, et, entre autres, *G. Vanloo* (I) et le P. *Ménétrier* (II). L'une de ces médailles, frappée à ce sujet, et que nous

(I) ***Gérard Vanloo* : *Histoire métallique des XVII provinces des Pays-Bas***, qui fut traduite du hollandais.

(II) Le père ***Ménétrier***, savant héraldiste, a donné une histoire des médailles frappées à l'occasion des principaux événements du règne de Louis XIV.

Obs. Ces médailles sont reproduites, la plupart, dans divers bons ouvrages qui traitent de ce sujet fort intéressant pour les flandres. Leurs collections, riches, se vendent encore à la ***Monnaie de Paris***, pour les amateurs d'histoire et de numismatique.

représentons pl. VI, fig. 4 et 5, nous montre la face en profil de Louis XIV; au revers on voit le *duc d'Orléans* qui présente au roi une palme; le monarque lui met sur la tête une couronne de lauriers en récompense de sa valeur et de ses habiles dispositions pour la bataille. — Pour légende il y a :

VICTORIA AD CASTELLUM MORINORUM. MDCLXXVII.

Le jésuite Claude-François *Ménétrier* (dans son histoire du roi Louis le Grand par les médailles, etc. Paris 1691), donne à sa planche XI, une autre médaille dans le même genre, pour Cassel, en souvenir de la bataille de 1677. Elle a un diamètre semblable à celle N.° 4 de notre planche VI. — Sur cette belle pièce Louis XIV tient le timon de l'Etat. Il couronne aussi de lauriers M. son frère. Celui-ci y est habillé à la romaine avec casque en tête. Il présente à S. M. une palme. — Cette médaille a pour légende :

PRÆBENTE COPIAS ET FORTUNAM SUAM REGE.

(Avec les troupes et la fortune du Roi).

Sous les pieds de ces princes il y a :

VICTORIA AD CASTELLUM MORINORUM. MDCLXXVII.

(La victoire de Cassel en 1677) (1).

Une troisième médaille fort remarquable a été frappée à cette occasion. Nous l'avons représentée planche VI, fig. 1 et 2.

Elle se trouve dans le bel ouvrage de *Vanloo,* t. III, p. 216.

(1) Planche VI, fig. 3.

D'un côté est représenté le buste du duc Philippe, en cuirasse, avec la légende :

PHILIPPE DE FRANCE DUC D'ORLÉANS.

Au revers on voit le combat qui fait le sujet de la médaille, les armées, leurs bannières et les ruisseaux qui les séparent encore; le mont-Cassel est à l'horizon. Les mots suivants entourent le revers de cette médaille :

PUGNA AD CASSEL (I) 1677.

L'exergue contient, outre les lettres initiales du graveur, l'inscription qui suit :

VIRTUS. DUCIS. FORTIS (II).

(La bravoure de notre vaillant général).

Une autre médaille, un peu plus grande que celle représentée et citée en premier, dans ce texte, est celle où la *Ville de Saint-Omer* (sous forme allégorique, agenouillée et suppliante, avec *bouclier à double-croix*), se rend par la *victoire de Cassel,* qui y est représentée ailée, et portant, en planant, d'une main une palme, et de l'autre un faisceau avec boucliers et casque cuirassé (III).

La légende du revers est :

VICTORIA CASTELLENSIS PRAEMIUM.

(Fruit de la bataille de Cassel).

Au bas du revers est écrit, avec date :

FANUM S. AUDOMARI CAPTI.

(I et II) Les terminaisons LVM et SIMI sont ici sous entendues.

(III) Voir à la planche VI, fi. 6, pour ce revers de médaille. La légende, autour de la face de Louis XIV, est :

LUDOVICUS MAGNUS CHRISTIANISSIMUS.

Enfin, dans la même collection existe une grande et non moins belle médaille, avec l'effigie couronnée de Louis XIV, en buste; de l'autre côté, ce Roi est à cheval, arrivant en conquérant, et précédé de la victoire ayant couronne en main.

La ville de Saint-Omer lui présente ses clefs; sous figure allégorique, elle est agenouillée avec ses armes ou attributs à *double croix*.

Son diamètre est de sept centimètres.

Il y a autour la légende qui suit :

EXERCITU. E. CASSELLENSI. PRAELIO. REDEUNTE.

(L'armée revenant de la bataille de Cassel.)

Et sur la partie inférieure de la médaille on lit :

AUDOMAROPOLIS. DEDITA. 1677.

Cette riche médaille se trouve aussi représentée à la planche II du tome 2 des Mémoires de la *Société des Antiquaires de la Morinie*, 1834. Elle est reproduite à la page 44 de notre présent travail.

Nous avons jugé bon d'ajouter à notre planche des médailles concernant la bataille de Cassel, une effigie du *Prince d'Orange*. Elle est telle qu'elle se trouve, dans Vanloo, t. III, p. 222, sur celle frappée, en son honneur, en 1677; cette médaille date de quelques mois après qu'il fut vaincu, dans la plaine de la Peene, et elle est en souvenir de son mariage avec la princesse *Marie*, fille aînée du duc d'Yorck, frère du roi d'Angleterre (1).

---

(1) On sait que Guillaume de Nassau se maria le 14 no-

Le prince y est représenté en buste cuirassé; l'inscription qui s'y trouve est comme suit :

*Guillelmus **III**, Dei gratiâ princeps auraniæ, hollandiæ et West-frisiæ Gubernator.*

Au revers se voit l'effigie de sa jeune femme.

---

vembre 1677, en Angleterre, et qu'il fut, plus tard, le souverain de ce royaume.

Gravures relatives à la bataille de Cassel de 1677.

Dans la bibliothèque impériale à Paris, à la galerie des gravures, se trouve un grand in-folio (des volumes de l'histoire de France), pour 1676 à 1678.

Là se voient des plans et batailles de Vandermeulen, des gravures de Lebrun, etc. Il y en a douze concernant la bataille de Cassel. Nous tenons à les énumérer, faute de ne pouvoir en donner une copie dans ce travail.

1.° Plan du champ de bataille de 1677, avec les armées en présence avant le combat.

2.° Gravure d'Ertinger, dessin de Beaulieu, représentant le combat engagé, surtout au commencement de l'action, avec le nom de chaque corps de troupes des deux côtés.

3.° Gravure d'après F. Vandermeulen. Elle représente le combat général et la déroute des Hollandais. L'original de cette très belle peinture, se voit dans le grand escalier du château de Versailles. Le duc d'Orléans y commande au 1.er plan; de gros arbres sans feuillages sont aussi à gauche; à ce tableau, Cassel est exactement représenté au fond. — Voir la planche frontispice.

4.° Gravure représentant le commencement de l'engagement, avant la déroute. Elle est grande, gravée par Leclerc. La plaine y est bien dessinée. Le moulin à la rive droite de la Lyncke y est placé au centre : c'est vers ce point qu'a lieu le plus fort de l'action.

5.° Autre gravure sans auteur connu. On y voit :

A. Poste de l'armée du roi avant la bataille.

B. Moulin du Balemberg où était l'extrémité de sa gauche.

C. Mont d'Aplinghem où était la terminaison de l'aile droite des français.

D. Marche de l'armée du roi, contre les ennemis, vers la Lyncke.

E. Attaque de la gauche des ennemis par la gendarmerie et les mousquetaires.

F. Poste de l'armée hollandaise en bataille.

G. Droite des ennemis se terminant vers les deux moulins de Tombes, ou du Tom.

H. Batteries françaises qui furent déplacées plus tard.

I. Abbaye de Pienne, d'où les ennemis, qui s'en étaient rendus maîtres, furent chassés par le maréchal de Luxembourg.

K. Quelques batteries des hollandais.

L. Fuite des ennemis du côté d'Ypres et de Poperingue, au nord-est de Cassel.

M. Parc de leurs vivres et de leurs munitions, abandonné sur la hauteur près Blauwcappel, sur une colline conique tenant le milieu entre ce village et Zuydpeene. Ce parc est indiqué sur notre VIII.[e] planche.

N. Équipages des ennemis pillés au bas du Schuyd, entre ces mêmes villages.

O. Mont-Cassel au 3.e plan du tableau.

6.° Vue de la bataille réduite par le graveur Leclerc, au bas du même folio.

7.° Bataille d'après Vandermeulen, comme au folio 3, en *réduction* avec riches ornementations de Ch. Lebrun. Charmante gravure fine, mais tout y est représenté *à rebours* par erreur de l'artiste. Cassel y est de même retourné : sa partie occidentale est placée à l'Orient, etc.

8.° Sur le même folio, une petite bataille gravée par Pacot, dans le même genre de la réduction de celle de Leclerc.

9.° Gravure où le duc d'Orléans, sur le premier plan, essuie la décharge de pistolets de trois soldats hollandais.

10.° Champ de bataille, représenté abandonné, après le combat; cette vue est de J. Parrocel. On y ramasse les morts et les blessés, près du moulin de la Plaine; on y dévalise et partage l'argent, etc. Cassel y est représenté à gauche. — Le tout y est dans un tourbillon.

11.° Aquarelle d'un épisode de la bataille d'après la peinture placée au réfectoire IV, côté nord-ouest de l'hôtel des Invalides : c'est peut-être sa première ébauche. Un des officiers supérieurs y est tué à côté du duc d'Orléans. Cette peinture murale est due au pinceau de Martin, l'un des meilleurs élèves de Vandermeulen, et restaurée depuis. Elle est à côté des tableaux représentant la prise de *Valenciennes*, de *Condé*, de *Cambrai*, de *St.-Omer*, tous exécutés par ordre de Louis XIV.

12.° Gravure, petite, représentant la face et le revers de la médaille frappée à l'honneur du duc d'Orléans avec vue de l'action, telle qu'elle est représentée sur le revers de l'une des médailles commémoratives ci-jointes. Planche VI. fig. 2.

Il y a aussi à la bibliothèque impériale, section des estampes, le recueil des vues de Vandermeulen (1) volumes in-folio D. 44 [a] et D. 45.

A la bibliothèque susdite, de Paris, il y a de même *Les plans et batailles de Louis XIV*. Cinq volumes in-folio par Beaulieu, ingénieur-dessinateur, où il y a des gravures regardant Cassel et sa bataille. Le plan de la ville fortifiée de Cassel avec son chateau-fort y est compris. L'ouvrage dit le *Petit Beaulieu*, est fort intéressant sous le rapport des gravures assez nettes, représentant toutes les villes et forteresses, de Flandre surtout, conquises par Louis XIV. Cette réduction a un mérite incontestable pour la Flandre occidentale. A côté des plans se trouvent des cartes des environs de ces places fortes, et des vues à vol d'oiseau.

---

(1) Ses peintures gravées forment une belle collection. Un de ces exemplaires magnifiques fut donné à l'abbaye de St.-Pierre de Lille, comme cadeau à propos d'une cession à l'Etat d'une partie de son terrain; il est maintenant déposé à la bibliothèque communale, dont il fut, pour ainsi dire, *l'origine*.

Plans en relief des places de guerre du nord de la France, exposés à l'hôtel des Invalides.

La galerie curieuse des plans en relief des places de guerre, due à la pensée première de Louvois, qui existe, encore aujourd'hui, aux Invalides à Paris, représente toutes les places fortifiées ou conquises du temps de Louis-le-Grand. Leur nombre, qui était d'abord de 50, s'est élevé à 120. Parmi celles des frontières du Nord on remarque les suivantes avec la date de leur construction.

Département du Nord :

Avesnes 1826. — Douai 1711. — Gravelines 1699. — Landrecies 1723. — Maubeuge 1830.

Département du Pas-de-Calais :

Aire 1745. — Arras 1716. — Calais 1691. — St.-Omer 1758.

---

(1) Elles sont placées dans la troisième salle.

Le plan de Cassel ne s'y trouve pas; cependant, sous Louis XIV, cette place, aussi, était assez fortifiée. On a dit et répété que cette ville fut prise par Philippe d'Orléans, après la bataille de 1677 : c'est là une erreur.

On a voulu entendre par là, sans doute, que cette ville était occupée par les Français, à ce moment; car elle ne fut assiégée et prise par le duc d'Orléans, Gaston, qu'en 1645, et nous doutons fort qu'elle fut plus sérieusement fortifiée après sa reprise par l'archiduc Léopold, en 1651, et, en 1658, sous Turenne et Créqui.

Nous avons donné autrefois le plan de ses remparts et de son chateau-fort (1) du temps des Espagnols (vers le milieu du 17.me siècle), que l'érudit abbé *Sanderus* a fait si richement graver, dans sa *Flandria illustrata.* Il est toutefois avéré que le maréchal de Humières fit fortifier le chateau de Cassel vers l'automne de 1676, par ordre du Roi, étant alors gouverneur des *pays conquis* en Flandre.

A la fin du siècle de Louis XIV, Cassel était compris parmi les villes ouvertes ou non murées. Cette place de guerre avait aussi été restaurée après sa première prise et occupation par les Français, mais elle fut abandonnée entièrement, comme poste militaire inutile, après la conclusion de la paix de Nimègue, de 1678.

De ses remparts il ne reste plus que de rares vestiges,

---

(1) Voir notre *Topographie de Cassel de* 1828. Nous y avons fait reproduire ce plan comme curieux souvenir; il diffère peu de celui qu'offrait la ville et son *castel*, au moment de la bataille de 1677 : nous représentons celui-ci à notre planche VII, du présent travail.

ses murs ayant été successivement envahis par les habitants, pour leurs jardins particuliers.

Quant à son *chateau-fort,* il est réduit à l'état de terrasse, mais qui domine encore la ville. A la profondeur de 8 à 10 mètres de ce castel ruiné se trouvent les fondations romaines de l'ancien *Castellum,* et celles du 9.me siècle; elles ont été découvertes, d'après nos indications, en 1860, à l'occasion du *Congrès archéologique de France* (session de Dunkerque), qui tint une de ses séances, à Cassel, le 21 août de cette année. — Voir notre *Discours historique* qui y fut lu, et ensuite imprimé dans le compte-rendu de ce congrès mémorable.

ADDITIONS.

Les progrès du monarque français, dans les Pays-Bas, furent rapides, en 1667, puisqu'il prit alors presque toutes les villes de Flandre, en une campagne.

Ces promptes et innombrables conquêtes du roi Louis XIV, dit le Grand, firent dire en ce temps :

> *Louis*, plus digne du trône,
> Qu'aucun roi que l'on ait vu,
> Enseigne l'art à Bellone
> De faire des impromptu.
> C'est une chose facile
> Aux disciples d'Apollon :
> Mais ce conquérant habile
> A plustôt pris une ville
> Qu'ils n'ont fait une chanson.

On a dit aussi, alors, de ce monarque :

> Vous pouvez ajouter victoire sur victoire,
> Mais rien ne saurait plus augmenter votre gloire (1).

(1) C'est après ces victoires qu'on donna, et surtout en 1681, à Louis XIV, le surnom de *Grand*.

Les archéologues connaissent les belles médailles commémoratives, si nombreuses, frappées à l'occasion des victoires brillantes du Roi, ainsi que les riches peintures et gravures, d'après Vandermeulen et autres artistes renommés, exécutées en son honneur. Celles regardant Cassel pour 1677, sont reproduites à la fin de ce petit travail.

Citons à présent *Une médaille à l'effigie de Louis XIV, frappée lors de la paix générale de Nimègue de* 1678 (1).

L'inscription du revers est :

> *Ludovico magno*, qui Batavis debellatis,
> Hispanis toties devictis, sequamis bis
> Subactis, Germanis ubique superatis,
> Hostium classibus fugatis et incensis,
> Toti fere Europæ conjuratæ et
> Federatæ pacem dedit, imperavit.
> Anno MDCCLXXVIII.

A *Louis-le-Grand* qui, après avoir défait les Hollandais, vaincu plus d'une fois les Espagnols, soumis deux fois la Franche-Comté, battu, à divers endroits, les Allemands, chassé et brûlé les flottes ennemies, donna la paix à l'Europe presque toute conjurée contre lui, et l'obligea de l'accepter aux conditions qu'il voulut, en 1678.

Comme contraste avec les souvenirs durables des faits d'armes glorieux de Louis XIV, nous ne pouvons nous empêcher de produire ici un détail historique très-peu connu en France, c'est-à-dire de citer ce qui fut fait en l'honneur de S. A. I. l'archiduc d'Autriche *Léopold*, pour ses conquêtes éphémères en Flandre, vers l'année 1647, et un petit nombre des suivantes.

---

(1) Cette belle médaille est mentionnée par le père Ménestrier.

Nous parlerons d'abord d'une gravure magnifique et bien rare (I). Le prince *Léopold-Guillaume*, gouverneur de la Belgique et de la Bourgogne pour le roi d'Espagne, s'y trouve représenté triomphant, à gauche du premier plan; il est à cheval. Derrière lui est un arc de triomphe riche. La Flandre s'agenouille à ses pieds et y dépose une couronne de lauriers. Elle est suivie et entourée de petits génies représentant les villes conquises. Ils déposent aussi, chacun, le blason de la place de guerre qu'ils représentent (II). Plus loin, à droite, sont des personnages vaincus, avec des accessoires hideux qui, soit dit en passant, tachent le tableau.

A côté de Léopold, il y a des figures allégoriques : la *modération*, la *force*, la *prudence* et la *justice*.

L'arc de triomphe, derrière l'archiduc, représente celui posé en MDCLIII, par ceux de Gand, on y voit l'inscription *S. P. Q. Gandavensis*. En haut de la porte de ce monument triomphal sont gravés à trois angles les mots suivants : *Flandria liberata*. — *Oceano pacato*. — *Liso restituto*.

Une inscription, placée sur le carré central du même fronton, est en caractères petit romain, comme suit, sauf des lacunes regrettables.

(I) Cette gravure a 1m 30 c. de largeur sur 0,92 c. de hauteur. Elle a été exécutée en Allemagne. Auteurs : *Erasmus Guellimus*, inventeur; *Schelte*, à Bolswert, sculpteur. — Le sieur Hutin, graveur à Lille, la possédait en 1862.

(II) Il y a entre autres noms de villes inscrites sur des banderolles tenant à chaque blason : *Burburgum*, *Casletum*, *Lielerium*, *Gravelino*, *St.-Venanti*, *Ostenda*, *Comminum*, *Dixmuda*, *Ypra*, *Dunkerka*, *Winoc-Berg*, *Menino*, *Cortracum*, *Armentaria*. *Furna*, etc.

« Tota quidem, LEOPOLDE, tuis secura sub armis
» TE servatorem Belgica terra vocat,
» Sed tamen ante alias patriæ TE Flandria patrem
» Ultoremque mei sanguinis una colo.
» Pene fui sine TE gallo dominante subacta;
» TE sine jam, vereor, tota subacta forem.
» Nunc omnes per TE quantum lysa continet urbes
» Ad Dominum specto læta redîsse meum.
» Sic age; sic LEOPOLDE suum TE Belgica patrem
» Plus etiam exemplo, discat amare meo. »

A la droite du tableau, il y a, à la partie supérieure, *un soleil* dont le disque porte les lettres P. L. entre-lacées (initiales du roi Philippe et de Léopold); cet astre projette de nombreux rayons, distincts, sur toutes les villes de West-Flandre, représentées au 3.e plan, dans leur position topographique, avec les rivières, canaux, et la mer agitée dans le fond. Autour de ce soleil éclatant sont d'autres génies portant les armoiries des villes du Hainault, du Cambrésis, etc., avec leurs noms sur des banderolles (I). Il y a là aussi les chiffres L. G. huit fois répétés (II).

Enfin là se voit l'inscription latine suivante, portée par des génies ailés et ingénieusement groupés.

« Austriaco TE celsa dedit germania partu
» Cognatum Radiis magne, PHILIPPE, tuis
» Inferior per TE venientem a sidere tanto.
» Rebus in augustis Belgica sensit opem.
» Sic alto exoriens imo sol prospicit orbi,

(I) Entre autres villes *Castelletum*, le Catelet, etc.
(II) Chiffre de l'archiduc *Léopold-Guillaume*.

» Signaque naturæ dat generosa suæ.
» Altorum est prodesse humili; sit parva jacensque
» Belgica sublimem TE LEOPOLDE probat;
» Et probat esse aliquem cui sint etiam infima curæ.
» Illius ô quantum lumen et instar habes! »

Pour en finir avec cette gravure historique et allégorique, nous dirons que nous y avons remarqué une chose assez curieuse. Le rayon lumineux qui, du soleil susdit, se porte directement sur *Cassel*, et un petit nombre d'autres rayons dirigés sur quelques autres villes, sont visiblement effacés, après coup, par le burin de l'artiste, mais ils y apparaissent encore un peu. N'avait-il terminé entièrement ce travail qu'après que Cassel et son territoire furent repris par les Français en 1658? Si ce fut là l'intention modifiée du graveur, ce qui est très-vraisemblable, on peut dire que, peu de temps après, on aurait pu effacer tous les rayons éclairant directement les autres villes de la Flandre la plus occidentale, car le triomphe fut court. En effet, toutes ces places furent bientôt reprises par les Français, sous Turenne, et cette gloire de Léopold fut par là complètement effacée (1).

(1) Nous avons entretenu, l'an dernier, 1863, ***la Commission historique du Nord***, d'un autre tableau par nous trouvé à Armentières. Il représente le siège de cette ville, en 1647; sa dédicace à l'archiduc Léopold, qui venait de prendre cette place forte, sur la Lys, est ainsi conçue :

« A Son Alteze Serenissime,
» Monseigneur,

» Le sort ayant marequé la ville d'Armentiers pour le pré-
» lude et avant-courrier de vos victoires dans la Belgique,
» nous présumons d'offrir un foible crayon du plan du siége

Ajoutons que dans le curieux ouvrage du 17.me siècle, de la bibliothèque impériale (1), où se trouvent des gravures d'après Vandermeulen, se voit une autre planche très-bien exécutée. C'est une espèce de caricature à propos des pertes des Espagnols et des nouvelles acquisitions par les Français, dans la dernière période des guerres, avant la paix de Nimègue.

Dans le fond de ce tableau gravé, se voit en petit la bataille dite de Mont-Cassel de 1677. Au premier plan, un espagnol tient un *chapelet à gros grains* dont le fil est brisé et ses deux bouts pendants. Ces grains sur lesquels sont inscrits des noms de villes de Flandre, etc., s'en échappent et tombent sur le sol. Ils sont ramassés, un à un, par un jeune Français qui les donne, tour-à-tour, pour le grand chapelet que tient solidement un autre personnage qui semble être Louis XIV.

Sur chacun de ces gros grains est écrit le nom d'une

» d'ycelle à Votre Alteze Ser. avecq supplication très-humble
» de le vouloir aggréer; et sy la lys effrayée du bruict de voz
» canons, s'est retirée dans le plus creux de son lict, quelle
» posture tiendrat la Sambre lorsqu'elle verra votre démarche
» et aproche, entendra le foudre de voz tonnerres, et la plus
» importante de ses forteresses enlevée à ses yeux et subir
» vos loix, n'aurat-elle pas subject d'avouer que *Austriadum*
» *populus nomen fatale regendis*, puisque ce sont les oracles de
» la destinée de Votre très-auguste maison interprétez par
» Monseigneur. »

L'emphase de ces lignes adulatrices contraste aussi étrangement avec les revers essuyés, peu d'années après, par ce général-archiduc.

(1) *Histoire de la France pour* 1676 *à* 1678, volume de gravures, in-folio, déjà cité.

ville de Flandre perdue et regagnée par les Français, et entre autres les 32 places conquises en Franche-Comté. Par terre sont encore des grains portant les noms de ***Fribourg, Agusta,*** etc.

Cette gravure est intitulée le ***Chapelet de l'Espagnol qui se défile***. Elle est de l'année 1677, cette raillerie est un à-propos historique assez spirituel.

Voici quelques-uns des vers qui l'accompagnent :

« De *Catholicité* ce faux dévôt se picque,
» Mais, depuis qu'il défend un état hérétique (I),
» On le peut bien nommer *Catholique à gros grains;*
» Son valet l'avertit, par un soin inutile,
» Que son grand chapelet tous les jours se desfile,
» Il n'y peut donner d'ordre, et c'est là son chagrin.
. . . .
» Cependant le *françois*, dont la manière ouverte
» Sait généreusement profiter de sa perte,
» Trouve que tout succède à sa *dévotion*. » (II)

(I) Par allusion à l'alliance des Espagnols avec les provinces-unies, protestantes, des Bays-Bas : c'est-à-dire les ***Hollandais***.

(II) On pouvait ajouter :

GESTA DEI PER FRANCOS.

Traité de paix de Nimègue.

C'est en voyant ses frontières entièrement assurées, par de nouvelles victoires, en l'année 1678, que Louis XIV se résout, dans sa générosité, à donner la paix à l'Europe (I), mais à des conditions qu'il veut bien imposer lui-même. Il fait des propositions à cet effet, le 9 avril. Après des tergiversations de peu de durée de la part des coalisés, puis quelques résistances, bientôt vaincues, et une nouvelle défaite du prince d'Orange, près de Mons, le projet de paix fut signé à Nimègue, et le traité de paix définitif peu de temps après (II).

(I) *Cet espoir fut déçu.* Nous savons combien furent grandes encore les hostilités qui suivirent la paix d'alors; elles eurent de pénibles retentissements dans les Pays-Bas occidentaux. Nous avons aussi connaissance de la ligue d'*Augsbourg*, après 1685, puis de la guerre de succession au trône d'Espagne, en 1700, suivie de la paix d'Utrecht, en 1713. Ce fut deux ans avant la mort de Louis XIV.

(II) Pour ce qui concerne la Flandre et les Espagnols, le traité

D'autres arrangements eurent lieu plus tard pour certaines des places et leurs territoires, de la Flandre occidentale.

Les traités conclus entre la France et les puissances alliées furent signés, c'est-à-dire le projet de paix, par les plénipotentiaires des puissances, le 10 août 1678; le traité définitif avec les Provinces-Unies fut signé le même jour. Celui avec l'Espagne, le 17 septembre suivant, et enfin le traité de paix avec l'empereur d'Allemagne, le 5 février 1679. On appela ce traité *la paix de Nimègue* (1).

Nous tenons à donner un extrait de ce traité de paix, où furent médiateurs le pape Clément X, pour les princes catholiques, et Charles II, roi d'Angleterre, pour toutes les puissances.

Nous ne citerons ici que ce qui se conclut entre les couronnes de France et d'Espagne.

« *Au nom de Dieu le créateur,* et de la très-sainte
» Trinité : A tous présents et à venir soit notoire. Que
» comme pendant la guerre qui s'est mise, depuis quelques
» années, entre le très-haut, très-excellent et très-puissant
» prince Louis XIV, par la grâce de Dieu, roi très-chrétien
» de France et de Navarre, et ses alliés, d'une part; et
» très-haut, très-excellent et très-puissant prince Charles II,
» par la grâce de Dieu, roi d'Espagne, et ses alliés,

---

de paix définitif fut signé, par le grand Conseil, à Madrid, et ratifié par la main de Charles II, successeur de Philippe IV au trône d'Espagne.

(1) *Nimègue*, ville de Hollande (Gueldre), sur le Wahal.

» d'autre : Leurs Majestés n'avaient rien souhaité plus ar-
» demment que de la voir finir par une bonne fois; et
» que par ce même désir d'arrêter autant qu'il serait en
» elles la désolation de tant de provinces, les larmes de
» tant de peuples et l'effusion de tant de sang chrétien, etc.

. . . .

» Sont convenus et tombés d'accord des conditions réci-
» proques de paix et d'amitié, en la tenir qu'en suit : (1) »

Art. 1.er — Il est convenu et accordé qu'à l'avenir il y aura bonne, ferme et durable paix entre les Rois très-chrétiens et catholiques.

Art. IV. — En contemplation de la paix, le Roi très-chrétien, aussitôt après l'échange des ratifications du présent traité, remettra au pouvoir du Roi catholique la ville et forteresse d'Audenarde et Courtray, etc., avec leurs chatellenies, avec leurs appartenances et dépendances cédées au seigneur roi très-chrétien, au traité signé à Aix-la-Chapelle, le 2 mai 1668.

Art. V. — Le Roi très-chrétien s'oblige de remettre aussi entre les mains dudit Roi catholique la ville et citadelle de Gand, le fort de Rodenhus et le pays de Waës, etc.

Art. X. — Comme les ministres de S. M. très-chrétienne, après la paix d'Aix-la-Chapelle, ont soutenu en la conférence de Lille, que les écluses de l'occident de l'orient de la ville de Niewport et le fort de *Vierboete,* étant au bout de l'écluse d'occident, étaient du territoire

(1) Extrait de l'Histoire du traité de paix de Nimègue, imprimée à Amsterdam, en 1754.

et juridiction de la chatellenie de Furnes, et néanmoins appartenaient aux fortifications de Niewport, ils resteraient, comme cette ville, au roi catholique.

Art. XI. — Ledit seigneur roi très-chrétien retiendra et demeurera saisi, et jouira effectivement, tant de tout le comté de Bourgogne, vulgairement appelé la *Franche-Comté*, comme aussi des villes de *Valenciennes* et ses dépendances, *Bouchain*, *Condé*, *Cambray* et le Cambrésis, *Aire*, *St.-Omer* et leurs dépendances, *Ypres* et sa chatellenie, *Warwick*, *Warneton* (sur-la-Lys), *Poperingue*, *Bailleul* et *Cassel* avec leurs dépendances, *Bavay* et *Maubeuge*, avec leurs dépendances.

Art. XII. — Ledit comté de Bourgogne, comme aussi lesdites villes et places, leurs baillages, chatellenies, gouvernances, prévôtés, territoires, domaines, seigneuries, appartenances et avec tous les hommes, vassaux, sujets, villes, bourgs, villages, hameaux, forêts, rivières, plat pays, salines et autres choses quelconques qui en dépendent, demeureront, par ledit traité de paix, à S. M. très-chrétienne et à ses hoirs, successeurs et ayant-cause, irrévocablement et à toujours avec les mêmes droits et souveraineté, propriétés, droit de régale, patronage, gardienneté et juridiction, nomination, prérogatives et prééminences sur les évêchés et églises cathédrales, et autres abbayes, et autres quelconques bénéfices étant dans l'étendue du pays, et tous autres droits qui ont ci-devant appartenu au roi catholique, sans que Sa Majesté très-chrétienne puisse être à l'avenir troublée ni inquiétée par quelque voie que ce soit, de droit ni de fait, par ledit seigneur roi catholique, ses successeurs ou aucuns princes de sa maison, ou par qui que ce soit, etc.

Le paragraphe XX dit : tous les papiers, lettres, documents concernant les pays, terres et seigneuries qui sont cédés et restitués auxdits seigneurs Rois, par le présent traité de paix, seront fournis et délivrés de bonne foi de part et d'autre, dans trois mois, après que les ratifications du présent traité auront été échangées, en quelques lieux que lesdits papiers et documents se puissent trouver, même ceux qui auraient été enlevés dans la citadelle de Gand et de la Chambre des Comptes de Lille.

En témoignage desquelles choses, les plénipotentiaires ont souscrit le présent traîté de leurs noms, et fait apposer le cachet de leurs armes.

Fait à Nimègue, ce dix-septième septembre mil six cent soixante et dix-huit.

(L. S.) Le maréchal d'Estrades.
(L. S.) Colbert.
(L. S.) De Mesmes d'Avaux.
(L. S.) Pablo Spinola Doria.
(L. S.) Conde de Bena rura, marquis de la Fuente.
(L. S.) Jean-Baptiste Christin.

Ratifié par le roi, à St.-Germain-en-Laye, le 28 septembre 1678, et par le roi d'Espagne, le 14 novembre 1678.

Le Roi de France s'occupa, avec grande activité, de la *Flandre* du côté de la mer, conquise par ses armes. Ce fut non-seulement après le *traité de Nimègue de* 1678, mais déjà dès le courant de l'année du *traité de paix d'Aix-la-Chapelle* (1668), à la suite de la *guerre pour les droits de la Reine.*

Alors toutes les villes fortes, prises par les Français, dans le *west-quartier* de Flandre, furent l'objet de la sollicitude de Louis XIV. Beaucoup d'*édits* furent publiés en leur faveur, et en celle de leurs *chatellenies*. Le Roi voulut modifier par là certains errements Espagnols et supprimer des abus.

Nous nous contentons de citer ici, comme exemples des extraits de quelques-uns de ces édits, renvoyant pour d'autres actes royaux non moins intéressants pour ce pays à leur *Recueil officiel* (1) imprimé à Douai, en 1730.

Édit portant établissement du Conseil souverain de Tournai, conformément aux Capitulations.

Louis, par la grâce de Dieu, roy de France et de Navarre, etc. . . . .

Ces considérations, jointes au désir que nous avons de faire jouir les peuples des pays que nous avons nouvellement conquis, d'un repos et d'une tranquillité parfaite...

Avons résolu de créer un tribunal ou *conseil souverain* en notre ville de Tournai (en remplacement du conseil

---

(1) *Recueil des édits, déclarations, arrêts et règlements* qui sont propres et particuliers aux provinces du ressort du parlement de Flandre, depuis 1661 jusqu'à 1729.

de Gand et du parlement de Malines) et de le composer de gens du pays suivant ce que nous avons promis par les capitulations accordées aux habitants des villes, bailliages et chatellenies qui sont soumises à notre obéissance, afin que par les connaissances qu'ils ont des lois et des coutumes du pays, la justice qu'ils rendront aux peuples soit mieux reçue et plus selon leurs mœurs.

Savoir faisons, etc.

Donné à Saint-Germain-en-Laye, au mois d'avril 1668.

Edit du Roy qui défend le port et l'usage des couteaux pointus (1).

Louis, par la grâce de Dieu, etc.

Depuis que l'heureux succès de nos armes et la justice de nos prétentions nous ont conquis plusieurs villes et diverses chatellenies, tant en Flandre que dans les autres provinces des Pays-Bas, nous avons employé tous nos soins pour y faire régner la justice et pour y faire jouir nos sujets du repos et de la tranquillité de la paix; et voyant qu'elle n'était troublée que par les fréquents querelles et démêlés qui arrivent entre les habitants des dites villes et chatellenies, dans la chaleur desquels ils se portent à de tels excès qu'ils se frappent, se blessent et souvent s'entretuent à coups de couteaux, etc., etc.

Savoir faisons que, par ces causes et autres bonnes considérations à ce nous mouvans, *nous* avons statué et ordonné ce que s'ensuit. Que si, au préjudice de nos

---

(1) Habitude contractée dans les Pays-Bas, à l'exemple des Espagnols, dont on s'y rappelle encore leurs ***poignards!***

défenses, aucun est si osé que de porter des couteaux pointus et de les tirer à dessin d'en frapper, encore que le coup ne soit suivi d'aucune blessure, voulons que, pour la première fois, il soit condamné au carcan ou banni de notre royaume, et en cas de récidive, condamné à plus grosse peine corporelle à l'arbitrage des juges. Que si aucun frappe du couteau à plaie ouverte et avec effusion de sang, voulons qu'il soit puni de la peine des galères, ou même de mort si le coup est suivi de mort. Et pour entièrement retrancher le mauvais usage desdits couteaux pointus, nous faisons très-expresse inhibition et défense, aux couteliers et autres ouvriers et marchands, de fabriquer, vendre ou débiter aucuns poignards, stilets, bayonnettes ou couteaux pointus à peine de confiscation et d'amendes, etc.

Défendons aussi, très-expressément, à tous hôtes, cabaretiers, etc., de se servir sur leurs tables, dans leurs logis ou ailleurs, de quelque manière que ce puisse être, de couteaux pointus, leur enjoignons en même temps de faire émousser ceux qu'ils possèdent, trois jours après la publication de notre présente ordonnance, scellée du grand sceau de cire verte à lacs de soye rouge et verde.

Donné à St.-Germain, au mois de juin 1669.

Signé : Louis.

Edit du Roy portant attribution de juridiction au Conseil souverain de Tournai dans les villes et lieux qui ont été cédéz à Sa Majesté par le traité de Nimègue.

Donné à St.-Germain-en-Laye, au mois de mars 1679.

Louis, par la grâce de Dieu, etc.

Comme la justice est le plus ferme appui, et le fondement le plus solide des monarchies, nous nous sommes toujours attachés, avec une application particulière, à la faire rendre à nos sujets. Notre premier soin a été de la faire régner dans les lieux nouvellement soumis à notre obéissance, avec des succès inespérés qui ont pleinement comblé nos souhaits, etc.

Par le traité conclu et signé entre la France et l'Espagne, le 17 septembre 1678, par lequel notre très-cher et très-aimé frère et cousin le Roy catholique, nous aurait cédé, entre plusieurs autres, les villes de *Valenciennes, Cambrai, Ypres, Cassel, Bailleul, Poperingue*, etc., voulant régler la manière dont la justice devra dorénavant être rendue à nos sujets et habitants desdits lieux par nous conquis, *sçavoir faisons*. . . . .

Disons, déclarons et ordonnons, voulons et nous plait que tous les jugements et arrêts rendus par les gens tenant notre Conseil souverain établi à Tournai, concernant nos sujets et habitants desdites villes, sortent leur plein et entier effet et soient exécutés, etc.

Arrest du Conseil d'Etat du Roy du 29 avril 1673, pour la visite et réformation des bois et forest de la Flandre maritime (1).

Le Roy voulant être informé du nombre et qualité

(1) Extrait des registres du Conseil d'État.

des forests étant dans l'estendue des pays qui ont été cédés à *Sa Majesté*, par les traités de paix, dans la province de Flandre *du côté de la mer*, *Sa Majesté*, en son conseil, a commis et député le sieur Boistel de Chastignonville, intendant des places de Flandre, du côté de la mer, pour faire descente et visite exacte de la forêt de Nieppe et autres appartenant à S. M. dans les chatellenies de *Bailleul, Bergues, St.-Winoc, Furnes, Ypres, Cassel* et autres de ladite province de Flandre maritime, etc.

Edit du Roy portant qu'il ne sera plus plaidé dans la ville d'Ypres, ainsi que dans toutes les autres villes et chatellenies de la Flandre occidentale qui sont en l'obéissance du Roy, qu'en *langue française*. — Donné à Versailles, au mois de décembre 1684.

Louis, etc. Etant informé que dans les villes et chatellenies de la Flandre occidentale, qui sont en notre obéissance, l'on y plaide en *langue flamande*, en sorte que lorsque nos sujets desdites villes et chatellenies sont obligés d'aller plaider en notre Conseil supérieur de Tournai, et souvent pour des affaires de très-petite conséquence, ils sont tenus de faire traduire en français, non seulement les pièces des procès, mais encore les écritures, ce qui, outre les grands frais que cela leur cause, il pourroit arriver que ces traductions, n'étant pas fidèles, elles mettroient en grand péril la vie, l'honneur et les biens des parties, d'autant plus qu'il se trouve de certaines constructions dans la langue flamande, qui ne se peuvent rendre aisément en une autre, de manière que l'omission d'un mot et quelquefois d'une virgule, est capable d'altérer le véritable sens d'une pièce, sur laquelle roulera la décision d'un procès, et désirant...... sçavoir faisons, etc...... Car tel est notre plaisir.

Signé : Louis.

C'est à regret que nous ne citons pas ici d'autres extraits et actes officiels concernant la *Flandre maritime*, du temps de Louis XIV surtout. Nous en possédons un assez grand nombre d'inédits du 17.ᵉ et aussi du 18.ᵉ siècle regardant particulièrement Cassel et ses environs; cependant notre sujet actuel ne permet pas de nous étendre, en ce moment, sur ces détails administratifs qui changèrent la face des affaires du *west-quartier de Flandres*. Du reste, les archives que nous conservons soigneusement, et que le hazard et de nombreuses recherches nous ont fait découvrir, éparses et parfois détériorées en partie, sont d'un interêt local ou personnel : nous tâcherons d'y revenir.

EXPLICATION

DES CARTES ET PLANCHES.

Planche I. Frontispice.

Cette planche est copiée sur celle exécutée d'après le tableau peint de Vandermeulen, qui est très-grand et magnifique en exécution et détails.

Cette gravure fut réduite par L. Surugneau, 1725, mais à *rebours*, et en même temps entourée d'ornementations riches par Ch. Lebrun. On y voit au premier plan le duc d'Orléans qui commande, avec son escorte. Sa peinture se trouve encore bien conservée dans le grand escalier du palais de Versailles.

Planche II. Carte géographique du champ de bataille et de ses environs (1).

Les dispositions du terrain n'y ont pas varié depuis l'époque de la bataille de 1677, sauf quelques modifi-

(1) D'après la carte du *dépôt de la guerre*, et celle *de l'Arrondissement d'Hazebrouck*, reproduite par M. C. Lebleu.

cations plus avantageuses des cours d'eau : leurs bords sont mieux nivelés, afin d'en empêcher les débordements.

Nous avons tenu surtout à y bien faire voir la position des divers corps d'armée à cette journée, avec leurs campements. Les régiments français sont en carrés ombrés et ceux des hollandais sont en losanges non remplis ou blancs. Les deux ruisseaux y sont exactement représentés avec leurs sinuosités et leurs ponts au moment du combat. Quant à la forêt de Clairmarais et une partie de la ville de St.-Omer, ils y ont été déplacés de leur distance exacte pour les faire voir partiellement, dans leur direction en regard avec le champ de bataille.

L'obélisque commémoratif y est indiqué non loin de la jonction des deux ruisseaux la *Peene* et la *Lyncke*, parce que, dans tout autre endroit, ce monument n'aurait pu être aperçu des routes fréquentées, et de la voie ferrée, à cause de nombreuses plantations. Du chemin de fer d'Hazebrouck à Dunkerque, on verra très-bien, par cette indication, la partie sud-ouest et nord du champ de bataille, sur laquelle cette voie plane vers le septentrion.

Planche III. Bataille.

Cette gravure, en petit, de la bataille du val de de Cassel, entre les Français et les Hollandais, représente cette action au commencement de l'engagement définitif, avec la position des divers corps d'armée des deux côtés, en ce moment. Cette planche (1), d'après celle

---

(1) Nous n'avons pu la reproduire avec la grandeur de l'ori-

de Leclerc et Ertingez, qui est très-grande, représente, en même temps, divers épisodes de cette journée meurtrière, ainsi que les deux campements, celui des Hollandais à la rive droite de la Peene sur les hauteurs, et le campement des Français à la gauche de la Lyncke.

On y voit, outre l'engagement du combat :

1.° A gauche, l'attaque de l'abbaye de Noordpeene, du 11 avril, au matin;

2.° A droite, mais vaguement ici, (à cause de la réduction) l'attaque des mousquetaires du roi, à pied, ayant laissé leurs chevaux derrière des plantations;

3.° La poursuite des fuyards hollandais, par le maréchal duc de Luxembourg, après la victoire remportée. Cet épisode se voit en haut et à gauche de la gravure;

4.° La place occupée d'abord par S. A. R. ***Monsieur,*** au centre et à la rive gauche de la Lyncke becque, le duc d'Orléans y sera désigné par la lettre D;

5.° La position du prince d'Orange G, qui arrive au galop près de ses troupes de l'aile gauche de son armée; sa garde s'y débande, étant attaquée par les troupes du maréchal de Humières;

6.° Le comte de Nassau, arrivé en dernier, est avec un corps de bataille sur la hauteur du Tom, au-delà de la Peene. Il en descendit ensuite pour prendre part à

---

ginal à cause du format de la brochure. C'est la copie d'une gravure en petit, qui a été exécutée en Hollande pour le ***Mercurius.*** Les Français y sont désignés par des lettres F et les Hollandais, c'est-à-dire leurs divers corps, par des *H*.

La planche VIII représentera en plus grand les positions des corps de bataille.

l'engagement général et commanda l'aile gauche des hollandais; le comte de Hoorne commandait l'aile droite avec le major-général Vanwebbenem et le major-sergent Montpoüillon.

Planche IV.

Les mousquetaires, gardes françaises, franchissant à pied le ruisseau la *Lyncke,* l'épée à la main, après avoir laissé leurs chevaux derrière des fermes, et attaquant les retranchements. — Episode du commencement de l'engagement à l'aile droite du maréchal de Humières (I). Voir pages 28 et 29.

Planche V.

Compagnies des *mousquetaires du Roi* chargeant avec des gendarmes, après être remontés à cheval. — Episode près du moulin du centre, lors du fort de la mêlée (II). Voir page 30 et les notes.

Planche VI.

Représentation des médailles frappées à l'occasion de ce fait d'armes mémorable et glorieux pour la France. L'explication en a été faite aux pages 110 et suivantes.

Obs. Nous avons ajouté dans le texte (III) une gravure de la médaille frappée à l'occasion de *la reddition de*

(I) Abrégé chronologique et historique de la maison du Roi. t. II, p. 163.

(II) Même ouvrage, t. II. p. 241. — Année 1734.

(III) Voir au verso du feuillet 43, page 44.

St.-Omer, dix jours plus tard. L'armée française s'étant rendue vers cette ville assiégée presque immédiatement après la bataille de Cassel.

Cette médaille est de même décrite plus haut, page 113.

Planche VII. *Plan figuratif du monument commémoratif dans la plaine de la Peene.*

L'obélisque représenté sera placé, en vue du chemin de fer, sur la partie septentrionale du champ de bataille, là où le terrain est bien à découvert et visible de loin.

Son emplacement projeté, qui touche, pour ainsi dire, aux *deux ruisseaux*, proche de leur confluent, est distant approximativement de 160 mètres de l'extrêmité inférieure de la Lyncke, de 150 mètres de la Peene, de 300 mètres de la voie ferrée. Il est à 900 mètres de l'église de Noordpeene, à près de 2 kilomètres de Zuytpeene (étant à l'extrêmité de son territoire nord-ouest et proche de la Lyncke-becque qui sépare celui-ci de la commune de Noordpeene), et enfin à 6 kilomètres 500 mètres de Cassel.

Le soubassement de l'obélisque sera formé d'un tertre présentant quatre faces ou talus garonnés, ayant quatre mètres de largeur sur deux mètres de hauteur, dont la partie intérieure sera en maçonnerie, avec gradins, pour mieux pouvoir retenir les terres qui l'entoureront, en pente.

Des peupliers seront placés plus tard à ses angles. Une haie d'épines et un solide grillage en fer l'entoureront quand un nouvel aide pécunier nous sera arrivé.

Au sommet du *soubassement* sera posée, une *large base* d'un seul morceau ou, à la rigueur, de deux pièces allongées et se touchant. Cette grande pierre, ou l'ensemble des deux, aura, sur chacun de ses côtés, deux mètres de large et même plus, et de 60 à 80 centimètres de haut.

Le piédestal, placé au centre, aura un mètre 60 centimètres de hauteur et un mètre de largeur. La base de ce piedestal aura un mètre 30 centimètres de haut. *L'obélisque monolithe* (magnifique pierre d'un seul bloc) aura de 80 à 90 centimètres de largeur à sa base, sur 6 mètres de hauteur.

La hauteur totale du monument, sans y comprendre le tertre, sera donc, à peu près, de 8 à 9 mètres. *Le poids approximatif* de l'ensemble de ses pièces pourra être évalué à 21,000 kilogrammes environ, le poids de *l'obélisque* étant de près de 9,000 kilogr. Il dépassait, avant d'être taillé, 12,000 kilogrammes.

Plus d'un voyageur, ému en contemplant ce simple obélisque, pourra prononcer ces paroles d'un ami :

Salut, Val de Cassel! salut, champ funéraire,
Calme aujourd'hui, jadis désolé par la guerre!
Je bénis, en passant, ton monument pieux.
On doit toujours des morts vénérer la poussière :
Je fléchis le genou devant la sainte pierre.
Qui consacre à jamais un exploit glorieux.

INSCRIPTIONS

POUR LE MONUMENT COMMÉMORATIF DE LA BATAILLE DE 1677, AU VAL DE CASSEL.

Face antérieure. — Côté nord-est.
(à la base de l'obélisque).

PRÆLIUM
PEENÆ
AD
CASLETUM,
XI APRILIS
MDCLXXVII.

Sur le socle ou base (même face).

ICI,
DANS CETTE PLAINE,
A ÉTÉ LIVRÉE,
LE 11 AVRIL 1677,
UNE BATAILLE DÉCISIVE.
ELLE FUT
L'UNE DES CAUSES
DE LA RÉUNION
DE CETTE CONTRÉE
A LA FRANCE.

Face postérieure. — Côté sud-ouest.
(à la base de l'obélisque).

PRO PATRIA
ERIGERE
MONUMENTA,
QUAMVIS EXIGUA,
DULCE
ET PIUM!

Sur le socle ou base (même face).

CET OBÉLISQUE
A ÉTÉ ÉRIGÉ ET BÉNI
EN 1865,
AVEC
LA HAUTE PROTECTION
DES AUTORITÉS
ET
LE PATRIOTIQUE CONCOURS
DES SOUSCRIPTEURS.

Faces latérales.

Au socle ou base (face sud-est).

GUILLAUME DE NASSAU,

PRINCE D'ORANGE.

ARMÉE HOLLANDO-ESPAGNOLE.

TUÉS : 4,500.

R. I. P.

Au socle. (Face latérale, nord-ouest).

PHILIPPE DE FRANCE,

DUC D'ORLÉANS.

ARMÉE FRANÇAISE.

TUÉS : 2,000.

R. I. P.

Planche VIII. Plan de la Bataille.

Cette planche est dans des proportions suffisantes pour une plus facile désignation des principaux chefs français et hollandais, de leurs positions et de celles des divers corps et régiments sous leurs ordres, au moment où la bataille commença.

On peut voir en haut de cette planche la ville de Cassel, avec ses fortifications à cette époque.

Chefs de l'armée Française.

Centre. M. le duc d'Orléans.
M. Lamotte, maréchal de camp.
M. le chevalier de Lorraine.
M. le marquis d'Effiat.
M. le chevalier de Beuvro.
M de Revel.
M. de Sourdis.
M. de Frezelière (artillerie).

Aile gauche. M. le maréchal duc de Luxembourg.
M. d'Albret, maréchal de camp.
M. le prince de Soubise.
M. de Bulonde, colonel-général.
M. de Villechauve.

Aile droite. M. le maréchal de Humières.
MM. de la Cordonnière, de Livourne, de Morevert, de Fourbins, de Jonvel et le chevalier de Souvray.

Liste des Régiments français (1) *représentés sur la planche VIII.*

AILE GAUCHE (s'étendant jusqu'à Balenberg).

1 Couronne.
2 Stoup.
3 Dragons.
4 Royal.
5 D. de St.-Sandous.
6 Conty.
8 Bulonde.
9 Listenoy.
10 Bulonde.
11 Sourdis.
12 Lomaria.
13 Couronne.
14 Royal.
15 Daubarede.
16 Stoup.
17 Lionnois.
17a Gournay.

(AILE DROITE s'étendant jusqu'à Buschure et champs d'Ebblinghem).

32 Bourgogne.
33 St.-Genois.
34 Konismar.
35 Dragons du colonel-général.
36 Les deux compagnies de mousquetaires.
37 Gens d'armes d'Anjou.
38 Royal.
39 Chevaux-légers dauphins.
40 Gens d'armes de Monsieur.
41 Gensd'armeset chevaux-légers de la reine.
42 Gendarmes bourguignons et flamands.

---

(1) A l'inverse des numéros des Régiments hollandais, ceux pour les corps français sont placés *au-dessous* de leurs carrés, distingués par une *ligne oblique.*

Centre (vers Noordpeene).

18 Les vaisseaux.
19 Le Maine.
20 Gardes françaises.
21 Greder.
22 Gardes de Monsieur.
23 Cuirassiers.
24 Humières.

Suite des régiments du centre.

25 Italiens.
26 Mestre de camp.
27 La Reine.
28 Cuirassiers.
29 Navarre.
30 Tilladet.
31 Italiens.

NOTA. — Quelques-uns de ces corps sont représentés plus d'une fois à cause d'engagements particuliers à plusieurs époques différentes de la journée. — La carte étant mixte.

Liste des Régiments de l'armée hollandaise figurés à la planche VIII (1)

AILE DROITE — s'étendant jusqu'au *Tom*.

1 Sompembroug.
2 Waldeck.
3 Holsteyn.
4 Régiment des gardes.
5 Nassau.
6 d'Hoorn.
7 Gardes du prince.
8 Grim.
9 Régiment de Zeelande.
10 Cassiopin.
11 Klooster.
12 Lippe.
13 Uyttenhove.

AILE GAUCHE — (jusqu'au village de Bavinchove).

26 Kirchpatrick.
27 Albransvart.
28 Brederode.
29 Idem.
30 Régiment des gardes de M. le prince.
31 Vabenon.
32 Dragons du prince-d'Orange, attaqués à l'abbaye de Peene.

(1) Sur cette planche VIII les chefs hollandais sont aussi, la plupart, désignés par leurs noms. Les chiffres des carrés, doublement rayés, des *Régiments* sont pour les noms de chacun d'eux : ils sont placés *au-dessus*.

CENTRE (entre Noord et Zuydpeene), — commandé par LE PRINCE, le comté de Waldeck et de Monpoüillon (I)

14 Alua.
15 Vanep.
16 Lavergne.
17 Zobel.
17* Toursay.
18 Cronebourg.
19 Zelande.
20 Grikel.
21 Slangenburg.
22 Howegue et Hoorn.
23 Jemma.
24 Gûinzel.
25 Oremberg.

Planche IX. Carte de Cassel et de ses environs, que borne, de toutes parts, un horizon lointain.

Cette carte géographique, dressée par nous, est destinée à plusieurs démonstrations. Nous avons crû être agréable à nos lecteurs en la reproduisant ici. Elle a été exécutée (II) il y a trente-six ans, lors de la publication de notre premier ouvrage sur Cassel (III), là se trouve sa description détaillée aux pages 395 et 396. Qu'il nous suffise de dire aujourd'hui, que cette carte indique non-seulement tout le pays qui se voit du haut de Mont-Cassel, sur la terrasse de son antique *Castellum*, mais encore les villes qui bornent son vaste horizon,

(I) Les ailes furent commandées par le prince Maurice, les comtes de Brederode, de Holsteyn, de Horn, de Lippe, les princes de Brandenbourg et de Berckevelt, etc., etc.

(II) Avec *notre carte* d'une partie de la *deuxième Gaule Belgique*, comprenant le *pays des morins*, du temps des Romains, et ceux des peuples qui l'avoisinaient aux premiers siècles de l'ère chrétienne. Les *voies romaines* du pays y sont indiquées.

(III) *Topographie historique, physique, statistique et médicale de la ville de Cassel etde ses environs.* — 1828. — Livre devenu très-rare.

qui a près de 125 lieues d'étendue. — On voit de là, successivement, près de trente villes de guerre, plus ou moins éclairées, selon la position du soleil.

Au centre de la carte, ce qui y est colorié, représente la ***Flandre maritime française,*** pays conquis sur les Espagnols au 17.ᵉ siècle, et qui a été annexé à la France par le traité de paix de Nimègue. Cette partie comprend les arrondissements de Dunkerque et d'Hazebrouck qui y sont mieux détaillés que le reste, le dernier surtout.

Par une singulière coïncidence, cette même contrée flamande fut donnée en apanage à ***Robert de Flandres,*** dit ***de Cassel,*** par son père le comte Robert de Béthune, en 1320. Ainsi que nous l'avons relaté dans notre mémoire, sur ce sujet, de l'an dernier (1).

---

(1) ***Notice sur l'Apanage de Robert de Cassel,*** 1864, avec planches héraldiques et sceaux.

Nous terminons en faisant observer que la *souscription* provoquée par nous, en faveur du ***Monument commémoratif national du val de Cassel,*** qui fut commencée en août dernier, s'est élevée, en quelques mois, à près de 1,600 francs; de sorte que cet obélisque pourra être érigé dans le courant de la présente année 1865.

A l'effet d'obtenir la réalisation de notre chère entreprise, nous fîmes d'abord une démarche près du *Congrès de la Société française d'Archéologie*, à sa session de Troyes (1). Là, en 1864, ce projet, dont nous y énumérâmes nos vues et les divers buts, fut accueilli avec un bien distingué et encourageant empressement. Une somme fut votée à l'unanimité par ses savants membres dans la séance du 4 août. Nous y avions réclamé l'honneur de cette adhésion de pâtronage à titre surtout de haut appui moral : ce fut là notre heureux point de départ.

Peu après, le *conseil municipal de Cassel* vota 200 francs pour le monument. Ses honorables membres se mirent aussi à la tête de la souscription avec ceux de l'administration de la ville de St.-Omer. D'autres conseils municipaux, des sociétés savantes, et un grand nombre de nos compatriotes suivirent généreusement cet élan de cœur, de sorte que la liste des adhérents, dont nous avions, par nos prospectus, pris l'engagement de publier les noms, put être close

(1) Où nous eûmes l'honneur d'être appelé à la vice-présidence à côté de notre savant collègue et ami M. E. Taillar, de la Cour impériale de Douai.

en février suivant, — malgré des déceptions étranges, mais qui ne nous ont pas découragé !

La somme était devenue suffisante pour tous les frais, y compris une partie de ceux des impressions et de nos planches, auxquelles rien n'a été négligé, car nous avons fait de cette affaire une question d'honneur, facile à comprendre.

C'est dès ce moment que nous songeâmes à faire éditer la présente *Relation de la bataille d'avril* 1677. Ce fut en même temps pour remplir nos engagements, car nous avions, dans nos circulaires-prospectus du Monument, offert comme *prime*, ce nouveau travail historique sur notre pays natal, auquel nous ne cessons de consacrer nos veilles.

Nous profitons de cette bonne occasion pour avoir l'honneur et le plaisir de remercier, très cordialement, chacun des souscripteurs en faveur de cette œuvre désintéressée, et aussi tous ceux qui ont bien voulu y coopérer par leur haute influence ou leur protection : au moyen de ces concours nous avons été secondés au-delà de nos espérances.

La publication de la liste des souscripteurs par ordre d'acceptation, aura lieu un peu plus tard, quand elle sera complétée entièrement : Elle sera adressée à chacun d'eux. La cause de ce retard est particulièrement due à ce que nous désirions y joindre (si des fonds nous restent) la relation de la fête et les discours d'inauguration du Monument; cette fête s'accomplira très-probablement, en août prochain, après la récolte des champs voisins. Nous tâcherons que le cérémonial de ce jour soit, autant que possible, digne de son sujet : tout prouve qu'il est loin d'être une vaine démonstration.

Un décret de l'Empereur a autorisé, le 25 janvier dernier, l'exécution de notre projet patriotique, en voici le contenu ainsi que celui de l'arrêté de M. le Préfet du Nord, qui suivit de près l'acte impérial, si flatteur pour nous tous !

EMPIRE FRANÇAIS.

NAPOLÉON, par la grâce de Dieu et la volonté nationale, Empereur des Français, à tous présents et à venir, salut.

Sur le rapport de notre ministre secrétaire d'État au département de l'intérieur,

Avons décrété et décrétons ce qui suit :

ARTICLE PREMIER.

Sont approuvées les deux délibérations, en date des 9 août et 14 décembre 1864, par lesquelles le conseil municipal de Cassel, département du Nord, a voté l'érection d'un monument commémoratif de la bataille qui a eu lieu près de cette ville le 11 avril 1677.

ARTICLE DEUX.

Notre ministre secrétaire d'État au département de

l'Intérieur est chargé de l'exécution du présent décret.

Fait au palais des Tuileries, le 25 janvier 1865.

Signé : NAPOLÉON.

Par l'Empereur :

Le Ministre secrétaire d'État au département de l'Intérieur,

Signé : P. BOUDET.

Pour ampliation :

Le chef de la Division du secrétariat,

Signé : DOMERGUE.

Pour copie conforme :

Le Secrétaire-Général de la Préfecture,

Signé : EV. BERGOGNIÉ.

Pour copie conforme :

Le Sous-Préfet d'Hazebrouck,

Signé : SIFFAIT DE MONTCOURT.

EMPIRE FRANÇAIS.

PRÉFECTURE DU NORD.

Nous, Préfet du département du Nord, Grand-Officier de l'Ordre impérial de la Légion-d'Honneur, Commandeur de l'Ordre de Léopold de Belgique,

Vu le décret impérial du 25 janvier dernier, approuvant le projet d'érection, à Cassel, d'un monument commémoratif de la bataille qui a eu lieu près de cette ville le 11 avril 1677;

ARRÊTONS :

Art. 1.er — Une commission est instituée pour suivre l'exécution du projet de ce monument.

Art. 2. — Sont nommés membres de cette commission :

MM. le docteur De Smyttere, président;
Desmyttere, maire de Cassel, vice-président;
Behaghel, membre du Conseil général;
Chevalier, adjoint au Maire;
Vantroyen, membre du conseil municipal de Cassel;
Delabaëre, — id.;
Quarez, — id.;
Le Maire de Noordpeene;
Le Maire de Zuytpeene.

Art. 3. — M. le Sous-Préfet d'Hazebrouck est chargé de l'exécution du présent arrêté.

Lille, le 4 février 1865.

Signé : VALLON.

Pour expédition conforme :

Le Secrétaire-Général,

Signé : EV. BERGOGNIÉ.

Pour copie conforme :

Le Sous-Préfet d'Hazebrouck,

Signé : SIFFAIT DE MONCOURT.

Quelques ouvrages à consulter pour la bataille de Cassel de 1677, et les évènements de cette époque (1).

Bibliothèque de la France : Jacques Lelong. Vol. II. N.° 24,113 (page 585).

Relation de la bataille de Cassel, le 11 avril 1677. Paris 1677 in-4.°

Manuscrit. — Le triomphe de France, par les grands exploits du Roi et de Monsieur, qui confirment les hauts faits et les actions héroïques qu'ils ont faits au commencement de l'année 1677.

Ce manuscrit est conservé dans la bibliothèque impériale, outre les manuscrits de M. de Gaignères; et dans celle de M. l'abbé d'Estrées, qui était à St.-Germain des prés.

Mémoires du chevalier du Temple, sur l'année 1677.

Mémoires du maréchal de Feuquières, publiés par *Lefebvre de St.-Marc*, 1750.

Journal historique du règne de Louis XIV.

---

(1) La plupart de ces ouvrages ne sont pas mentionnés dans le texte de notre présent travail.

Hollandschen-Mercurius, 1677 et 1678.

Aitrema Zaken, van staaten-oorlog, 1669-1679.

Cerisier, — histoire des Pays-Bas.

Mémoires du marquis de La Fare.

Griffet. — Recueil des lettres du règne de Louis XIV, pour servir d'éclaircissements à son histoire militaire.

Despars, — chronique van Vlaenderen.

Dewez, — histoire de la Belgique.

Leclerc, — histoire des sept provinces-unies, 1723.

Dujardin et Sellius, — histoire générale des provinces-unies, 1757.

G. Vanloo, — *histoire métallique* des XVII provinces des Pays-Bas. — Au tome III il y a quelques détails sur la bataille de 1677. — Le texte est à côté de ses dailles. Voir pages 215 et suivantes.

De Beaulieu, plans des villes prises par Louis XIV. Là se voient Cassel, La Motte-au-Bois, Bourbourg, etc.

Par le même (Petit Beaulieu) : Les glorieuses conquêtes de Louis-le-Grand. Dans cet in-quarto se trouvent les planches représentant les villes conquises de Flandre, vues de face, à côté de la carte de leurs environs, et des plans de ces places vues à vol d'oiseau.

P. Menestrier, — médailles sur les principaux événements du règne de Louis XIV.

Dictionnaire historique des siéges et batailles mémorables. — Voir t. I. p. 392 et suivantes, pour ce qui a rapport au 17.e siècle, etc., etc.

Recueil des Édits, Déclarations, Lettres patentes, etc., enregistrés au parlement de Flandre. — Voir ce qui y regarde *Cassel assuré à la France.*

Relation des batailles de Cassel de 1071, 1328, *et* 1677, tome II, des Mémoires de la société des antiquaires de la Morinie.

OUVRAGES SUR CASSEL ET SES ENVIRONS

Publiés par M. le Docteur P.-J.-E. De Smyttere.

Topographie historique, physique, statistique et médicale de la ville et des environs de Cassel (Nord) 1828 et 1833, avec cartes et planches.

Nota. — Les listes méthodiques des nombreuses productions zoologiques et surtout botaniques de ce pays, d'après les recherches de l'auteur, sont insérées aux 80 dernières pages de ce livre.

Discours historique sur Cassel, lu au Congrès archéologique de France, session de Dunkerque 1860, séance de Cassel. Imprimé à Caen, dans les *Annales du Congrès*.

Fragments historiques sur les Pères Récollets de Cassel, édités dans le volume VIII des *Mémoires de la Société Scientifique de Dunkerque*. 1862.

Notice historique sur les armoiries, scels et bannières de la ville de Cassel, de sa châtellenie et de ses seigneurs et dames, 1862, avec 12 planches héraldiques. — Imprimé *dans les Annales du Comité flamand de France*, tome VI.

STATISTIQUE ARCHÉOLOGIQUE DU CANTON DE CASSEL. Travail qui a servi pour la *statistique archéologique du Nord*, publiée par la commission historique de ce département. — Lille. — Année 1863.

NOTES SUR D'ANCIENS REGISTRES ET DES ARCHIVES DE LA COUR ET DE LA VILLE DE CASSEL, 1864. Imprimées dans le *bulletin du Comité flamand*. Tome II, N.° 9.

Ouvrages achevés du même auteur, pour paraître successivement :

RECHERCHES HISTORIQUES SUR LES SEIGNEURS ET DAMES DE CASSEL ET DE SES ENVIRONS, A PARTIR DU XI.e SIÈCLE.

LES BATAILLES DU VAL DE CASSEL de 1071 et 1328.

RECUEIL des principaux ÉDITS, ACTES, ORDONNANCES, LETTRES-PATENTES, PRIVILÈGES, etc., concernant Cassel et sa chatellenie, à partir des comtes de Flandre de la première maison, avec annotations historiques.

RECHERCHES HISTORIQUES SUR DIVERS BLASONS AUX ARMES DE FLANDRE, et particulièrement sur la *bannière au Lion dite de Cassel*. Ouvrage lu à la commission historique du département du Nord. — Voir son bulletin de l'année 1862.

HYGIÈNE POPULAIRE, PAR DIALOGUES, à l'usage des habitants du nord de la France.

[library stamp]

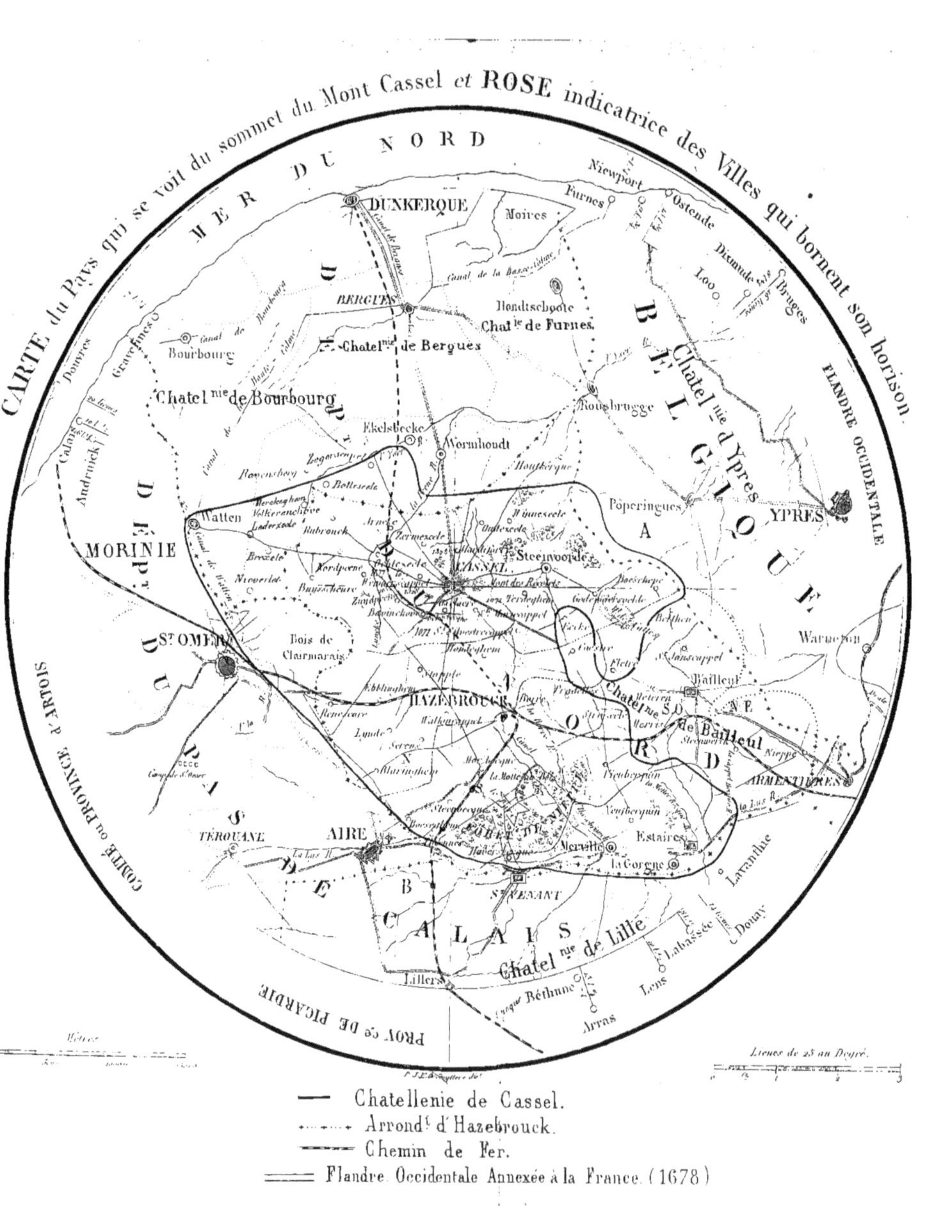

—— Chatellenie de Cassel.

·-·-·-· Arrond^t d'Hazebrouck.

——— Chemin de Fer.

═══ Flandre Occidentale Annexée à la France (1678)

Planche II.

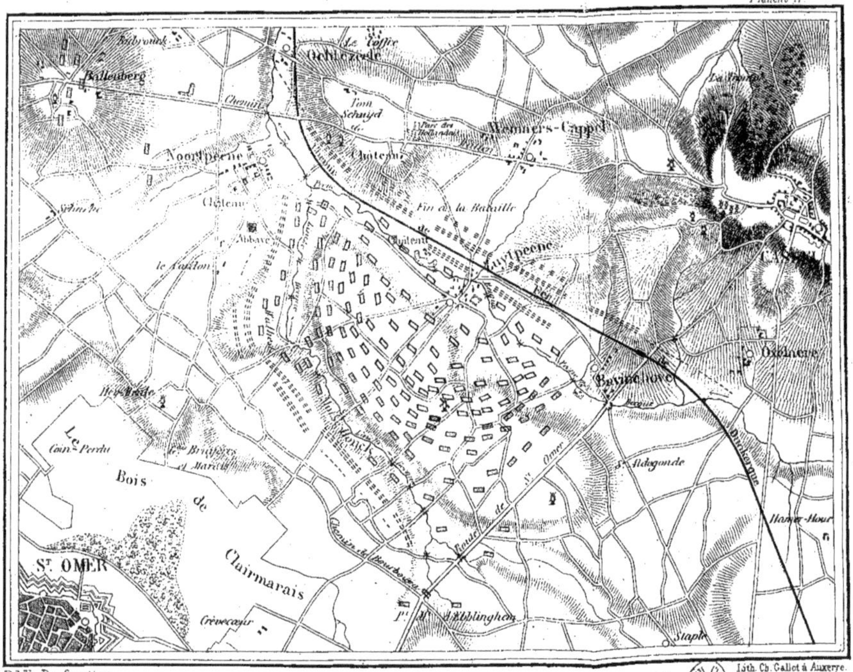

P.J.E. De Smyttere

Lith. Ch. Gallot à Auxerre.

CARTE DU CHAMP DE BATAILLE DU VAL DE CASSEL DE 1677.

BIBLIOTH. IMPÉRIALE

Imp. Laroux-Lancebe à Lille.

J. Lepage lith.

PL. IV

F. A. Chedel, Inv. Fec. | Imp. Lefort Lancelle à Lille | J. Lepage Lith.

ACTION PARTICULIÈRE AVANT LA BATAILLE DE MONT-CASSEL (1677)

PL.V

A.P. Ghedel Inv. fec. Imp Laloux-Lancelle à Lille. J. Lepage Lith.

BATAILLE DE MONT-CASSEL (1677)

J. Lepage, Lith

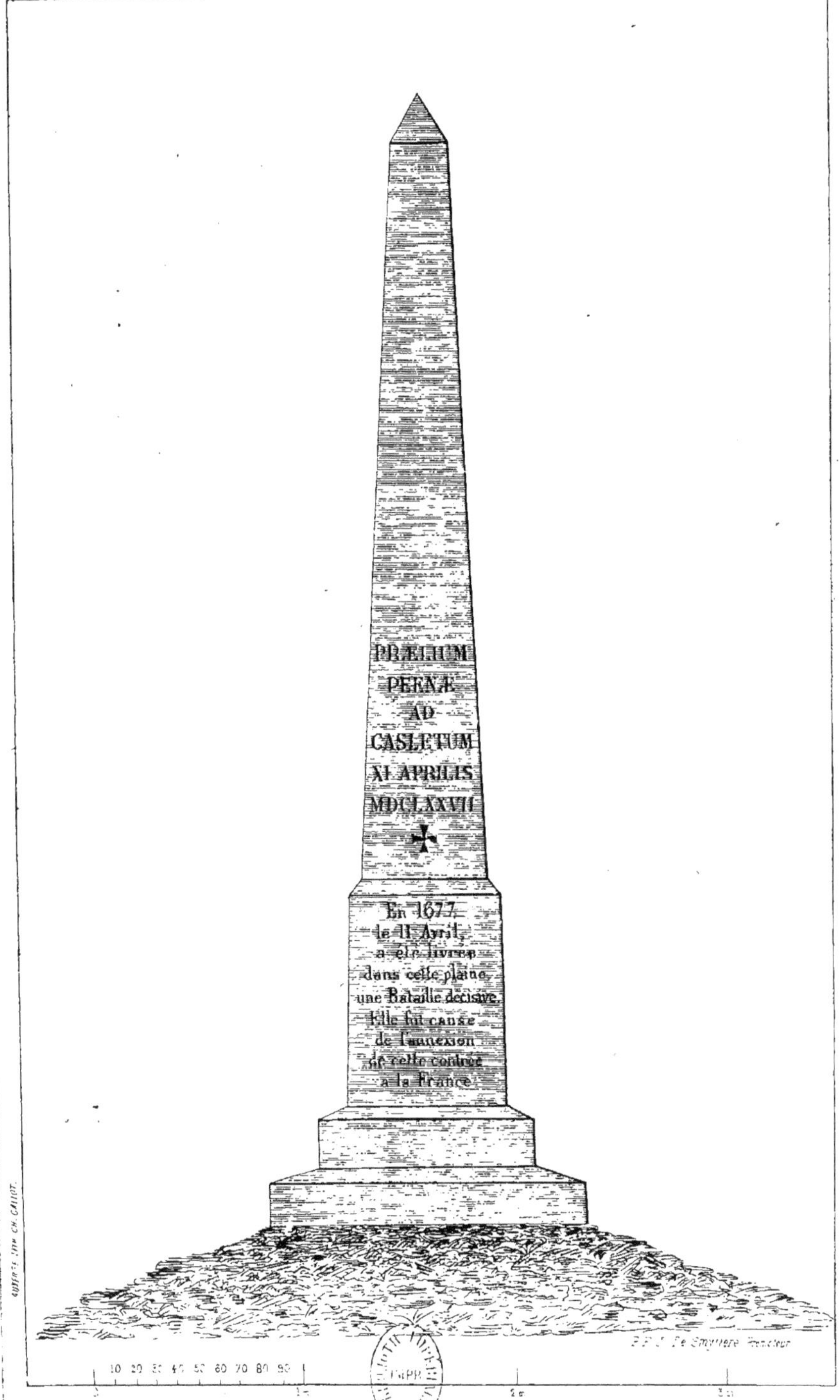

OBÉLISQUE COMMÉMORATIF INAUGURÉ EN 1865.

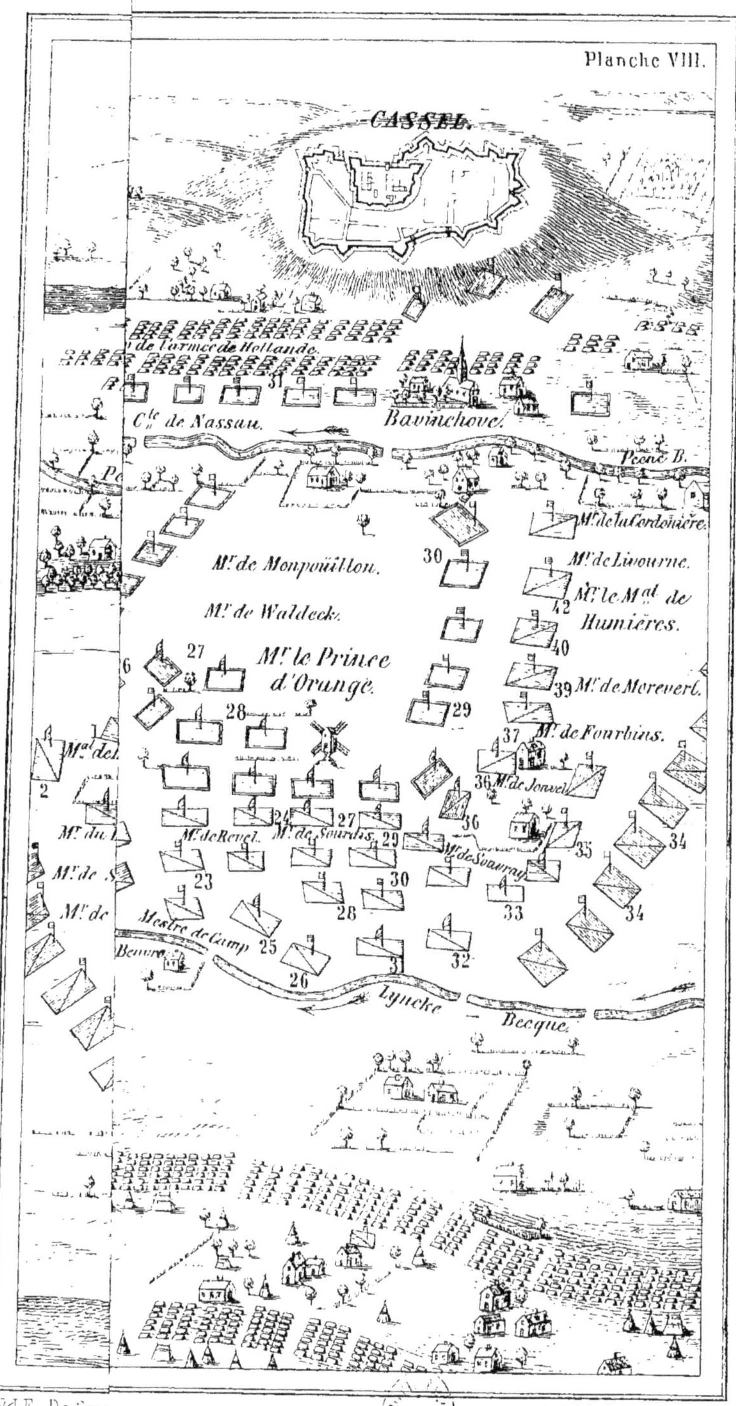

P.J.E. De Smy

Lith. Ch. Gallot à Auxerre.

il 1677.)

alerie.

Hollandais.

P.J.E. De Smyttere. Lith. Ch. Gallot à Auxerre.

PLAN DE LA BATAILLE DE CASSEL. (11 Avril 1677.)

Français. Drapeau: Corps d'Infanterie. — Étendard: Cavalerie. Hollandais.

BIBLIOTHEQUE NATIONALE DE FRANCE
3 7531 00759082 2

www.ingramcontent.com/pod-product-compliance
Ingram Content Group UK Ltd.
Pitfield, Milton Keynes, MK11 3LW, UK
UKHW012208240726
13966UKWH00002B/650

9 782011 915405